Autor: Christine Geiger

Lektorat: Angela Hochwimmer

Grafik: Mareike Mett

Covergestaltung: BOOKUNIT

Layout: Uwe Köhl

Herstellung und Verlag: BoD-

Books on Demand, Norderstedt

ISBN: 978-3-7526-4816-4

# Christine Geiger

# HERZGOLD 1.0

### Geschichtenbuch mit Aktivierungsvorschlägen

# Autorin

Christine Geiger, 53 Jahre alt, geboren in der Goldstadt Pforzheim in Baden-Württemberg.
Was das Schreiben betrifft, so habe ich mittlerweile drei Lyrikbände herausgebracht.
Die Bücher haben so wunderliche Titel wie
›Klimperklar‹, ›Letterlametta‹ und ›Murmelgemurmel‹.
Weitere Informationen:
Facebook: Christine Geiger Autorin
Instagram: tinchens_gedichtepause

# Inhaltsverzeichnis

# Vorwort

Der Titel meines ersten Bandes geht zurück auf meine Dozentin Stefanie Klaube Lier, welche ich über die Maßen schätze.

Sie machte sich morgens immer ›klimperklar‹ und kam dann mit ihrem frischen Wesen und fundierten Wissen zu uns, ihren Schützlingen, um uns beizubringen, was es heißt, ›in den Schuhen des andern zu gehen‹. Was es heißt, mit älteren, zum Teil demenziell veränderten Menschen zu arbeiten, sie zu begleiten, ihnen ein Lächeln ins Gesicht zu zaubern, ihre Resourcen zu fördern und einfach für sie da zu sein.

Nach dreimonatiger Qualifikation zur Betreuungsassistentin nach § 53C, kurz BTA, war es dann so weit und ich konnte 2015 meine Stelle in einem Alten- und Pflegeheim antreten.

Da kam es gerade recht, dass ich neben der Poesie auch gerne Kurzgeschichten verfasse.

Nun denn, meine Liebe zum Menschen und die zum Schreiben führten beinahe zwangsläufig zur Entstehung dieses Aktivierungsbuches.

Darin sammele ich meine Kurzgeschichten (teils auch Gedichte), welche als Grundlage für Beschäftigungseinheiten, auch Morgen- oder Mittagsrunden genannt, dienen.

Ich habe dieses Buch absichtlich einfach gestaltet und mehrere Funktionen darin vereint:

Zum einen kann ich die darin befindlichen Geschichten lediglich vorlesen. Oder ich gehe hernach über diese mit den Bewohnern in ein offenes Gespräch zum Inhalt derselben bzw. baue darauf auf: Mit passenden Liedern, Gedichten, Sprichwörtern und Redewendungen, mit Befühlen von Gegenständen (siehe ›Mitbringsel‹), die in der Geschichte vorkommen, mit Hören, evtl. auch Riechen und Schmecken.

Bewegungen und Gymnastik lassen sich ebenfalls oft ableiten.

All dies sind lediglich Vorschläge und Anregungen, welche die Spannbreite der Möglichkeiten noch lange nicht ausschöpfen. Also: Ihrer Phantasie sind keine Grenzen gesetzt!

Eingangs lesen Sie hier ein Gedicht, das ich während eines Seelsorgekurses verfasst habe.

Am Ende eines Kurstages sprachen wir Teilnehmer abwechselnd jeweils ›das Wort auf den Weg‹.

Mein Wort wurde ein Gedicht, welches all das ausdrückt, was mir im Umgang mit älteren Menschen am Herzen liegt und dem Leser vielleicht klar macht, weshalb mein Buch so heißt, wie es heißt:
HERZGOLD!

# Am Puls

Es schlägt unser Herz
im Hier und Jetzt
auseinander driften wir

jeder Einzelne
verlässt durch diese Tür
diesen Raum

doch am Saum
uns'rer Kleider hängt weiter
alles Gehörte
Erlebte
Erfahrene und das
was wir heute gesehen

ein Jeder lernt immer mehr
zu verstehen
ganz weich und zart
zu spiegeln

für Seelen zu sorgen
das Seelsorgen
liegt geborgen
in uns'ren Herzen

all die Sorgen
all die Schmerzen
finden in ihm ihren Widerhall
und eine Membran

dann kommen Gespräche in Fluss
in die Bahn
wir fühlen einander auf den Zahn
zu ergründen die Ursachen
die Dinge

die
welche etwas machen
sowohl mit uns
als auch mit den andern

und dann
dann wandern wir
in den Schuhen des andern
wunderwandern
auf seinen Wegen
auf seinen Stegen

über stürmische Bäche
durch stille tiefe Seen
wir lernen zu sehen bis hinunter auf den Grund
lernen zu verstehen was zur Stund'
gar seelenwund blutet im andern

und wir wandern in seinen Schuhen
setzen seine Schritte
machen manchmal kleine
manchmal große
laute
leise
lose Tritte
und inmitten aller Mitte
schlägt dabei unser
Herz

Die erste Geschichte

# Toaster sind auch nur Menschen

Hedwig hat ihrer Schwiegertochter Melanie, vor sage und schreibe nunmehr 25 Jahren, einen Toaster geschenkt.

Das ist ja zunächst einmal kein Verbrechen, und die zwei kommen auch sehr gut miteinander aus, also Hedwig und Melanie. Nur die Geschmäcker gehen dann wohl doch etwas auseinander.

Melanie zum Beispiel hasst Blümchenmuster! Hedwig nicht.

Und sie hat das wohl nicht gewusst, sonst hätte sie ihr die Serie geblümter Küchengeräte ganz sicher nicht angetan!

Eine Kaffeemaschine und der Wasserkocher haben nach treuen Diensten bereits das Zeitliche gesegnet, aber nicht so der Toaster!

Oh nein, der nicht!!! 25 Jahre lang r ö s t e t er nun schon vor sich hin; das muss man sich mal auf der Zunge zergehen lassen!

Gelbe Margeriten zieren seinen Bauch. Gelbe Margeritensträuße, gebunden mit kornblumenblauen Schleifen!

Wenn die Dekoration wenigstens verblasst wäre über all die Jahre, aber nein! Um es auf den Punkt zu bringen: Er ist abgrundtief kitschig, potthässlich und entspricht so gar nicht dem heutigen Zeitgeist.

Längst schon wollte sie ihn entsorgen, aber, zum Kuckuck nochmal, er funktioniert halt immer noch! Und er hat seine Launen: Auf Stufe 3 spuckt er latschigen Toast aus, dann stellt sie ihn auf 4 und erhält schwarze Briketts.

Mitunter haut er die Brotscheiben mit Schmackes aus den Schlitzen und katapultiert sie direkt auf den Frühstücksteller oder eben knapp daneben ...

Das macht er meist dann, wenn Melanie wieder stirnrunzelnd vor ihm steht und durch zusammengepresste Zähne etwas murmelt wie: »Wann gibst du endlich den Geist auf?«

Dann will er ihr erst recht seine Lebendigkeit und Tatkraft beweisen.

Bis Melanies Enkelsohn Marvin zu Besuch kommt.

Er ist 3 und ein Wildfang sondergleichen.

Als er durch die Küche fegt, verheddert sich sein Ärmchen im herabhängenden Kabel des Gerätes, und rumms, knallt der Toaster auf die Steinfliesen: Er hinterlässt einen Teppich aus Krümeln, seine blumige Verkleidung hat viele Risse bekommen und der Runterdrückhebel ist abgebrochen, doch Melanie denkt nur: »Gott sei Dank!!! Eeeendlich!!!«

Der Enkel wartet auf Schimpfe, aber seine Oma ist ihm ja sooo dankbar. Endlich hat sie ein Recht, ihn wegzuwerfen (den Toaster, nicht den Enkel)!

Und nächste Woche, so nimmt sie sich vor, kauft sie gleich einen neuen, modernen in Grau und Silber.

Doch am Sonntag ist Hedwig zu Besuch:

»Ich hab gehört, Marvin hat deinen Toaster …?

Schau nur, jetzt, wo der alte kaputt ist … und stell dir vor … gestern war Flohmarkt …« (Hedwig hat die Angewohnheit, ständig in halben Sätzen zu sprechen) »… und was sehe ich da …?«

Sie stellt resolut einen Karton auf den Küchentisch:

»Den klitzegleichen Toaster, original verpackt, nigelnagelneu. Ist das nicht ein herrlicher Zufall?

Margeriten und Schleifen … Sag, ist das nicht toll?«

Umständlich befreit Hedwig das Elektrogerät von Karton und Folie.

Melanie bleibt die Spucke weg, als der Zwillingsbruder des eben zu Bruch gegangenen Gerätes erscheint.

»Gaaaaaanz toll!« erwidert Melanie und ringt nach Luft, »Absolut herrlich!!!«

Doch was sie denkt, ist:
»Das glaub ich jetzt echt nicht! Ein wiedergeborener Toaster!
Ich kann die nächsten 25 Jahre mit diesem Monstrum und Ausbund an Schönheit wirklich kaum erwarten …«

WEITERFÜHRENDES:

SEHEN:

Ein alter Toaster, auf den z. B. ein ausgeschnittenes Bild einer gelben Margerite aufgeklebt wird.

RIECHEN:

Röststoffe einer frisch getoasteten Scheibe Brot.

SCHMECKEN:

Verzehr einer solchen. Evtl. auch Marmelade in Miniportionen zum Probieren (dazu eignen sich ganz kleine Schraubgläser oder ein Tellerchen, auf dem sich Kleckse verschiedener Marmeladensorten befinden).

FRAGEN:

»Was war das Hässlichste, was sie jemals geschenkt
bekommen haben?«
»… das Schönste?«
»Und wie denken Sie über den Satz:
Einem geschenkten Gaul schaut man nicht ins Maul?«


WORTSAMMLUNG zum Thema BROT:

Roggenbrot, Mischbrot, Weizenbrot, Weißbrot, Dinkel-
brot, Vollkornbrot, Graubrot, Kommissbrot, Fladen-
brot, Baguette, Toast, Knäckebrot, Maisbrot, Pumper-
nickel, Brötchen, Brezeln, Laugenstange, Seele, Se-
sambrötchen, Mohnbrötchen, Wasserweckchen, Milch-
brötchen, Kaiserbrötchen, ein ›Gestäubtes‹; Bäckerei,
Backwaren, Mehl, Hefe, Wasser, Salz, Müller, Mühle,
Backofen.


UMGANGSSPRACHLICHES:

Brötchen heißen auch: Schrippen, Stullen, Semmeln,
Weckle – je nach Region.

## HEIMATLICHES, REDEWENDUNGEN, SPRICH-WÖRTER:

- ➤ Trocken Brot macht Wangen rot.
- ➤ Unser tägliches Brot gib uns heute …
  (aus dem ›Vaterunser‹)
- ➤ Der Mensch lebt nicht vom Brot allein.
- ➤ Brot und Salz – Gott erhalt's!
  (Geschenke beim Neueinzug der Nachbarn)


## LIED:

»Es klappert die Mühle am rauschenden Bach«

## EIN GEDICHT IN SCHWÄBISCHER MUNDART:

Frieder, hol Weckle!
Beim Bäcker glei ums Eckle!
Un zwei, drei Schneckenudle,
mach langsom,
nomme ned hudle!
Hend se au süße Stückle ond Plunder?
I wois, die mache mi breit wie a Flunder.

A rechte Brezel mit Hagelsalz,
ond falls dar's merke kosch:
A Dutzend Meringe.
Die mog mei Gosch!

Bergsteiger, Amerikaner
ond a Flammendes Herz.
I hab so en große Hungerschmerz.
Will Sahnetorte ond Rhabarber mit Baiser,
Liebesknoche, en Hefezopf.

Älles muss nei en mein gierige Kropf:
Marmorkuche ond Gugelhupf.
I lupf den Korb nemmer meh.
Beim Bäcker ischs oifach scheeh.

Christine Geiger


GYMNASTIK:

Mit den Armen und Händen (imaginären)
Teig kneten und auswellen …
Teig rühren etc.

Die zweite Geschichte

# Himmelswetter

Der Himmel öffnet seine Schleusen, dicke Regentropfen prasseln auf den heißen Asphalt. Durch den dunkelgrauen Wolkenhimmel brechen grelle Blitze und der Donner grollt ohrenbetäubend. Ein stürmischer Wind treibt den Regen vor sich her.

Trudel, eine 75-jährige Frau, ist in dieses Unwetter geraten, und weit und breit kein Unterstand in Sicht! Ihre nackten Füße schwimmen schon in den Sandalen, und die kleine Handtasche, welche sie sich notdürftig über den Kopf hält, bietet nur einen scheinbaren Schutz.

»Eichen sollst du weichen, Buchen sollst du suchen!«, dieser blöde Spruch geht ihr durch den Kopf, als sie endlich eine Telefonzelle entdeckt. Das ist die Rettung! Trudel trödelt nicht, sie öffnet mit Schwung die quietschende Tür und schlüpft ins Innere. Klitschnass und bis auf die Knochen durchgeweicht ist sie.

Draußen rauscht der Regen in Bächen an den Glasscheiben der Telefonzelle herab, aber Trudel ist endlich im Trockenen, sie reibt sich mit einem großen Stofftaschentuch, ein Andenken an ihren verstorbenen Gatten Theobald, das Gesicht trocken und streicht sich die nassen Haarsträhnen aus der feuchten Stirn. Plötzlich fällt ihr auf dem Telefon ein braunes Portemonnaie auf.

»So was, wer hat das denn da liegen lassen?« fragt sie sich. Die Geldbörse ist dick und schwer. Eine stattliche Anzahl an Banknoten luken aus dem Seitenfach hervor. Trudel hofft, der weitere Inhalt gibt Aufschluss über den unglücklichen Besitzer. Denn unglücklich muss er sein, bei dem Verlust! Als sie einen Ausweis mit einem Männerfoto findet, wird auf einmal die Tür geöffnet, und ein pitschnasser, älterer Mann steht vor ihr:

»Darf ich reinkommen?«

»Ähmmmm … hmmmm …!«

Trudel weiß nicht, was sie sagen soll, denn es zählt nicht gerade zu ihren Gewohnheiten, sich mit wildfremden Männern eine enge Telefonzelle zu teilen. Aber irgendwie tut er ihr leid, er sieht aus wie ein begossener Pudel, schaut treuherzig und flehend. Er lächelt, und sein Gesicht kommt ihr mit einem Mal bekannt vor. Moment mal … sie guckt auf das Ausweisbild und dann auf ihn, immer hin und her. Und erst jetzt liest sie den Namen: Oskar Bürgle! Mein Gott! Oskar! Vor ihr steht doch tatsächlich der Brieftaschenbesitzer und gleichzeitig ihre Jugendliebe aus der Volksschule.

»Oskar???«

»Trudel???«

»Das gibt es doch nicht! Sag mal, suchst du die da?« Trudel streckt ihm die Börse entgegen.

»Oh, Gott sei Dank, ich hab sie doch tatsächlich hier liegen lassen. Du bist ein wahrer Engel, das warst du schon immer, auch damals schon, du, mit deinen dichten, weizenblonden Locken …« schmunzelt er und zwinkert ihr zu. – »Ach, ist das schön, dich wiederzusehen.

Wie lang ist das nun her? 60 Jahre?«

»62 genau!«, meint Trudel, und die Röte steigt ihr ins Gesicht. Es ist fast wie damals, und das liegt nicht etwa am Sommer oder der Hitze.

Es liegt eher an diesem eigenartigen Gefühl der überraschenden Nähe zu Oskar, während draußen das Unwetter tobt. Es liegt an seinem Geruch, einer würzigen Mischung aus Rasierwasser und einem regennassen Hemd.

So schnell, wie das Gewitter hereingebrochen ist, verzieht es sich auch wieder. Oskar und Trudel öffnen die Tür der Telefonzelle. Draußen dampft ihnen die Erde entgegen, es riecht herrlich frisch, Glitzertropfen fallen vom Grün der Bäume, ein Regenbogen spannt sich übers Azur und zwischen die beiden Gestalten, um eine Brücke zu schlagen über den Himmel, über zwei Herzen und viele endlose Jahre.

Oskar hakt Trudel unter:

»Ich schulde dir Finderlohn!«, lacht er.

»Lass uns Kaffee trinken gehen, ich habe dir sooo viel zu erzählen!«

Irgendetwas sagt den beiden, dass das nicht der letzte Kaffee sein wird, und schon gleich gar nicht ihr letztes Zusammentreffen.

## WEITERFÜHRENDES:

MITBRINGSEL zum BETRACHTEN, BERÜHREN und LAUSCHEN:
- ➢ Stofftaschentücher mit Rüschen, Motiven, Häkelbordüren, Monogrammen etc.
- ➢ eine altmodische kleine Damenhandtasche
- ➢ Regenmacher:

Dafür wird das Innere einer Küchenrolle, also die Papprolle, spiralförmig an der bereits vorhandenen Perforation mit Nägeln gespickt, welche jedoch kürzer als der Durchmesser der Papprolle sein müssen, und diese nicht durchbohren dürfen. Es entsteht im Inneren so eine Art Wendeltreppe. Das eine Ende der Papprolle wird alsdann zugeklebt. Wir füllen nun winzige Suppennudeln, Sand, kleine Kieselchen, trockene Linsen oder Erbsen etc. in den Regenmacher und verschließen das andere Ende. Die Rolle von außen mit abwaschbarer bunter Folie ringsum bekleben.

Wenn man den Regenmacher nun ans Ohr hält und dessen Inhalt langsam vom einen Ende zum anderen an den Nägeln vorbeirieseln lässt, hört sich das wunderschön nach Regen, Wind und/oder auch Sturm an.
- ➢ ein Portemonnaie für Männer, eine Brieftasche

# SPRICHWÖRTER und REDEWENDUNGEN

»Alte Liebe rostet nicht.«
»Regen, Regentropfen,
alle Weiber hopfen,
hopfen in der Küche rum,
schmeißen alle Häfen um.«
»Es regnet Bindfäden.«
»Es hagelt Katzen.«
»It's raining cats and dogs« –
»Es regnet Katzen und Hunde« – wie die Engländer
sagen.
»Bei diesem Wetter jagt man keinen Hund hinaus.«
»Buchen sollst du suchen, Eichen sollst du weichen.«
»Ein Wolkenbruch, ein Platzregen«.
»Ein Sauwetter, als würde die Welt untergehen.«
»Ein rechtes Gewitter reinigt die Luft.«
»Das gibt noch ein böses Donnerwetter!«
(Wenn Unheil und Ärger drohen)
Verwünschungen: »Der Blitz soll sie/ihn treffen!«
Wenn wir uns ärgern, sagen wir:
»Ja, zum Donnerwetter nochmal!«

LIEDER:

Das deutschsprachige alte Kinderlied aus dem 19. Jahrhundert
(es gibt verschiedene Texte, das ist einer davon)

Es regnet, es regnet, die Erde wird nass!
Und wenn's genug geregnet hat,
dann wächst auch wieder Gras

Es regnet, es regnet, es regnet seinen Lauf!
Und wenn's genug geregnet hat, dann hört's auch wieder auf!

Es regnet, es regnet, was kümmert uns das!
Wir sitzen im Trocknen und werden nicht nass!

DIE BEWOHNER ERZÄHLEN LASSEN:

»Sind Sie einmal in ein solch schlimmes Wetter geraten?«
»Haben Sie schon einmal nach unendlich vielen Jahren jemanden aus der Vergangenheit getroffen?«
(Schulkameraden, beste(r) Freund /in)?
»Haben Sie schon einmal etwas Wertvolles wie einen Geldbeutel gefunden?«
»Haben Sie das Fundstück abgegeben und evtl. Finderlohn erhalten?«

WORTSAMMLUNG zum Thema GELD:

Geld befindet sich
in einer Geldbörse,
einem Geldbeutel,
einem Portemonnaie,
einem Sparschwein,
einer Kasse,
einem Tresor,
auf einem Sparbuch,
angelegt in Aktien,
in einem Sparstrumpf ...

REDEWENDUNGEN und AUSSPRÜCHE:

»Wir haben etwas auf der hohen Kante.«
»Spare in der Zeit, so hast du in der Not.«
»Wer den Taler nicht ehrt, ist den Groschen nicht wert.«
»Ich habe doch keinen Geldscheißer!«
»Man wirft das Geld zum Fenster raus!«
»Sich etwas vom Munde absparen«
Soll und Haben
Bei jemandem in der Kreide stehen (Schulden haben)

Welche – teils umgangsprachlichen – Bezeichnungen
finden wir für den Begriff GELD?
Münzen, Pinkepinke, Zaster, Kies, Mäuse, Moneten,
Dukaten, Asche, Schotter, Piepen, Scheine, Riesen ...

Die dritte Geschichte

# Oma Therese
# oder
# Ordnung muss sein!

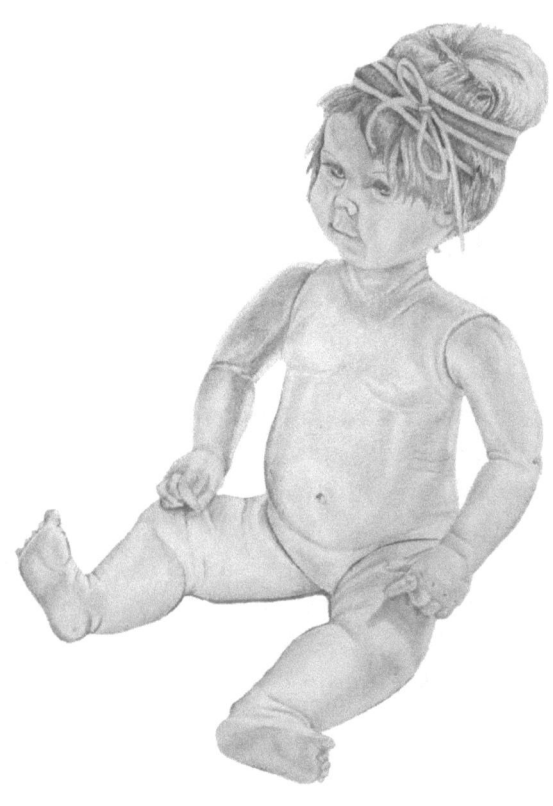

Als ich noch ein Kind war, lebte in unserem Mehrfamilienhaus Oma Therese.

Sie war Ungarin, alt, und allein.

Nein, das war sie eben nicht. Sie hatte Puppen, Puppen und nochmals Puppen, die mit ihr ihre Wohnung teilten. Und ich? Ich liebte es, nach der Schule zu ihr zu gehen, denn sie schaute nach mir, bis meine Mutter am Nachmittag von der Arbeit nach Hause kam.

Die Einzimmerwohnung von Oma Therese beherrschte eine alte Vitrine. Auf deren Einlegeböden aus Glas saßen und standen Puppen in allen Größen. Jede einzelne war jeweils auf einem gestickten, filigranen Deckchen platziert. Alle Puppen trugen bunte, niedliche Kleidung mit Rüschen, Schärpen und Perlmuttknöpfchen, das Kunsthaar war gekonnt frisiert und zu winzigen Zöpfen geflochten oder zu Schnecken geschlungen, und – da legte Oma Therese sehr viel Wert darauf – nicht eine einzige Puppe war ›unten ohne‹ – jede trug einen ›Schlüppie‹ wie sie es zu nennen pflegte.

»Ordnung muss sein«, schmunzelte Therese.

Eine Porzellanpuppe, welche die Ärmchen in die Luft streckte, und deren Wespentaille ein wallendes, pinkfarbenes Kleid umschloss, stand da auf einem Sockel, und auf der Unterseite dieses Sockels gab es eine Vorrichtung zum Drehen. Dann spielte die eingebaute Spieluhr den ›Schwanensee‹ von Tschaikowski. Ich wusste damals nicht, dass es ›Der Schwanensee‹ war, aber das spielte auch keine Rolle.

Jedes Mal, wenn ich Therese besuchte, gab ich keine Ruhe, bis sie mir die Spieluhr aufzog, die Musik erklang und die Porzellanpuppe im Kreis zu tanzen begann. Ich konnte mich daran weder sattsehen noch -hören.

Auf der Rückenlehne des Sofas und auch im alten Ohrensessel, sogar auf ihrem Bett, überall saßen Puppen: blonde, brünette schwarzhaarige. Ich fühlte mich bei ihr wie in einem Spielzeugladen und war fasziniert von so vielen Eindrücken.

Sie hatte wohl eine kleine Rente und lebte sehr sparsam, und dennoch durfte ich nach der Schule bei ihr zu Mittag essen. Sie kochte so seltsame Dinge wie in Butter abgeschmolzene Spätzle mit gerösteten Semmelbröseln und Zimt-Zucker. Es schmeckte köstlich! Oma Therese hatte ein riesengroßes Herz.

Als ich sie einmal fragte, weshalb sie denn so wahnsinnig viele Puppen gesammelt hatte und immer noch zusammentrug, wies sie mich an, neben ihr auf dem Sofa Platz zu nehmen.

Und dann begann sie zu erzählen:

»Weißt du, meine Hübsche«, sie nannte mich immer meine Hübsche, »als ich in Ungarn noch ein ganz kleines Mädchen war, du musst wissen, wir waren sehr, sehr arm, da bekam ich von meiner Mutter einmal einen Lebkuchenmann geschenkt. Er duftete so köstlich und das Wasser lief mir im Munde zusammen, aber immer, wenn ich hineinbeißen wollte, hielt mich etwas davon ab.

Je mehr Zeit verging, desto mehr trocknete er aus und wurde hart wie Stein. Ich begann, mit dem Lebkuchenmann zu spielen, schnitt ihm aus buntem Papier eine Hose und ein Hemd zu. Sogar eine rote Mütze aus Filzresten schneiderte ich ihm.

Der Lebkuchenmann war meine erste und einzige Puppe, die ich in meiner Kindheit besaß, ich nannte ihn Janosch, er wurde zu meinem treuen Spielkameraden und begleitete mich überall hin. Und weil ich meine Sehnsucht nach einer echten Puppe nie stillen konnte, fing ich als Erwachsene irgendwann an, sie zu sammeln.«

Mich hatte diese Geschichte sehr beeindruckt. Ich lernte von Oma Therese, was Bescheidenheit und Dankbarkeit bedeutet, und auch, dass Not erfinderisch macht.

Heute noch sehe ich sie vor mir, wie sie mit großer Hingabe und einem seligen Lächeln um den Mund das Haar ihrer unzähligen Puppen bürstet und flicht, ihre Kleidchen wäscht, oder ihnen Unterhöschen (Schlüppies) strickt und häkelt, denn Ordnung musste ja sein.

WEITERFÜHRENDES:

MITBRINGSEL:

> Puppen aller Arten und Größen,
> auch Porzellanfiguren mit eingebauten Spieluhren,
> Puppenkleider,
> evtl. einen Lebkuchenmann,
> Bilder von alten Glasvitrinen,
> einen antiken Puppenwagen aus Korb oder Metall
> die Puppen betrachten, herumreichen, befühlen,
> evtl. kämmen, an- oder ausziehen …

FRAGEN:

»Wie hieß Ihre Lieblingspuppe?«
»Kennen Sie Menschen mit Sammelleidenschaft?«
»Was wird beispielsweise gesammelt?«

AUFZÄHLEN:

Briefmarken, Postkarten, Steine, Fingerhüte, Souvenirs aller Art, Nippes, Murmeln, Bücher, Seifen, Briefe, Muscheln …

WORTVERWANDTSCHAFTEN und ABLEITUN-
GEN zusammentragen:

Puppendoktor
Puppenspieler
Puppenkleider
Puppenwagen
Puppenmutti
Zuckerpuppe
Puppenstube
Puppengesicht
verpuppen (Schmetterlingslarven)

LIED:

(»Der Puppenspieler von Mexiko war einmal traurig
und einmal froh ...« Schlager von Roberto Blanco)
Sprichwort: »Bis in die Puppen« – bis spät in die
Nacht ...

Die vierte Geschichte

# Die Läuterung

WEITERFÜHRENDES:

MITBRINGSEL:

Kleine Glöckchen, egal welcher Art,
erklingen lassen (HÖREN und SEHEN),
Bonbons in bunter knisternder Glitzerfolie (HÖREN
und SEHEN, SCHMECKEN),
weiche Sahnebonbons (›Kuhgutsele‹) – (SCHME-
CKEN und SEHEN),Nostalgiezuckertüte mitbringen,
Uhren aus Zuckerperlen, Lutschmuscheln, Lakritzschnecken,
evtl. alte Werbeplakate und Blechschilder mit darauf
abgebildeten Süßigkeiten,
gefüllte Bonbonnieren.


SPRICHWÖRTER zum THEMA:

»Ehrlich währt am längsten«
»Üb immer Treu und Redlichkeit bis an dein kühles
Grab …«
»Lob ist besser als Tadel«
»Gelegenheit macht Diebe«
»Lügen haben kurze Beine«

ERZÄHLEN LASSEN:

»Wie waren die Kioske oder Krämerladen früher eingerichtet?« –
Türglöckchen – Bonbonnieren – Ladentheke – altmodische Registrierkasse – man konnte noch anschreiben lassen.
Milch wurde in Milchkännchen beim Tante-Emma-Laden geholt, keine Selbstbedienung, man kannte sich, Gespräche und ein Miteinander entstand, aber es gab dort auch viel Klatsch und Tratsch.
»Was waren die Schleckereien, die Süßigkeiten, die Sie als Kind kannten und verzehrten?«
»Hatten Sie so etwas wie Taschengeld? Und wie hoch war das?«

WORTSAMMLUNG zum Thema SÜSSIGKEITEN
(Ich umschreibe die gesuchten Worte und wir tragen gemeinsam Begriffe zusammen):

Lutscher, Lolli, Bonbon, Sahnekaramellen, Lakritzschnecken, Eis, Mohrenköpfe, Zuckerstangen, Karamellhäschen, Gummibärchen, holländische Schaumwaffeln, Schleckmuscheln …

Die fünfte Geschichte

# Schätzen kann fehlen –
# 142 und ein paar Zerquetschte

Sophie und Herbert gehen durch die betriebsame Stadt.

»Schau mal, da!« Sophie hält Herbert am Ärmel fest und hindert ihn aufgeregt am Weitergehen.

»Was ist denn?«, brummelt er in seinen nicht vorhandenen Bart und dreht sich zu Sophie um.

»Schau mal«, wiederholt diese, »hier kann man eine Ballonfahrt für zwei Personen gewinnen, das wollte ich schon immer mal machen!«

»Also ehrlich, Sophie, wann haben wir zwei das letzte Mal was gewonnen?«

»Und was war mit der Heizdecke? Und dem Kochbuch, das ich für mein geniales Käsekuchenrezept gewonnen habe?«

1, 2, 3, 4, Sophie beginnt, die Quietscheentchen zu zählen, die sich kreuz und quer gestapelt in einer riesigen durchsichtigen Säule befinden.

Immer und immer wieder umrundet sie das Behältnis und tippt mit dem Zeigefinger ans Glas. Belustigt lächelnd verfolgt Herbert ihr Treiben. Er steht breitbeinig da, verschränkt die Arme vor der Brust, und mit heruntergezogenen Lippen grummelt er: »Ahhhh … ich schätze mal, es sind 142 und paar Zerquetschte.«

»Paar Zerquetschte?«, fragt Sophie ihn ungläubig und lacht.

Das ist wieder typisch ihr Göttergatte!

»Also wirklich, die Zahl muss korrekt sein. Du kannst doch nicht 142 und paar Zerquetschte auf die Loskarte schreiben!«

»Tssss tsssss…«, macht sie und beginnt von neuem, wie fieberhaft die Säule zu umkreisen.

Der Standbetreiber hat seine wahre Freude an dem lustigen älteren Pärchen.

»Ich sag, es sind 175 Quietschentchen!«

»So so, hast die alle genau gezählt, was!?«

»Nein, aber geschätzt!«

Sophie füllt voller Eifer eine Karte aus, trägt Name, Adresse und Telefonnummer ein.

In das Feld für die geschätzte Anzahl der Quietsche-entchen schreibt sie in kindlicher Schrift gut leserlich eine 175. Sie steckt die Karte in eine Kiste mit Schlitz und sagt:

»So, das wars.«

»Willst du nicht auch eine Karte ausfüllen?«, fragt sie ihren Gatten.

»Ach, es reicht doch, wenn du das machst, und außerdem gewinnen wir eh nicht.«

Sophie schmunzelt: »Herbert, ich glaube, du möchtest gar nicht, dass wir die Ballonfahrt gewinnen.
Ich glaube fast, du hast Höhenangst oder so.«

»Papperlapapp! Ich und Höhenangst!«, wirft sich Herbert in die Brust. »Das wüsste ich aber!«

Inzwischen fuchtelt Sophie ihm mit einer knisternden Tüte Bio Gesundheitsnudeln vor der Nase herum.

»Ätsch, ich hab schon mal was bekommen, allein fürs Mitmachen. Und Herbert, du weißt doch: Dabei sein ist alles. Und wer weiß?«

»Ach, du, mein Träumerle«, lächelt er und hakt seine Frau unter. »Mir ist jetzt eher nach einer deftigen

Thüringer Bratwurst und einer Portion Pommes rot-weiß!«

Mit diesen Worten strebt er mit ihr zur nächsten Würstchenbude.

Sophie schaut ihn glücklich an.

»Was?«, meint er.

»Mein Träumerle hast du mich schon ganz lang nicht mehr genannt!«, schwärmt sie.

»Ehrlich?«

»Ehrlich!«

Ob die zwei jetzt tatsächlich diese Ballonfahrt gewonnen haben oder nicht, ist mir nicht bekannt.

Aber ganz ehrlich? Was soll's?!

Dabei sein ist schließlich alles.

WEITERFÜHRENDES:

MITBRINGSEL:

Quietscheentchen
(Es gibt ganz verschiedene, niedliche Sorten, die man quietschen lassen kann – Gehörsinn wird angesprochen).
Ich habe mir zum Thema ›Schätzen‹ einen Korb mit Schraubgläsern verschiedenen Inhalts zusammengestellt. Dabei sind der Phantasie keine Grenzen gesetzt.
Die Gläser beinhalten z. B.: eine Anzahl von Haushaltsgummis, Walnüssen, Knöpfen, Miniseifen, eine Kette aneinandergehefteter Büroklammern, Korken, Kronkorken, Wäscheklammern, Parfümprobefläschchen und und und …
Ich gehe mit den Gläsern der Reihe nach im Kreis herum, jeder schätzt die Anzahl der jeweiligen sich im Glase befindlichen Utensilien.
Wenn ein Jeder geschätzt hat, verteile ich z. B. die Nüsse, bis keine mehr übrig sind, und wir zählen gemeinsam, indem jeder BW seine wieder ins Glas zurücklegt.
(Vorsicht, dass niemand einen Knopf etc. behält oder / und in den Mund steckt. Besteht diese Gefahr, ist es auch möglich, dass die BTA die Utensilien aus dem Glas auf einem Tuch oder Tisch in Kreismitte sammelt.
Die Gegenstände werden benannt, befühlt, man kann daran riechen (Parfümproben, Seifen).

Der ›Schätzkönig‹ mit den meisten Treffern kann ausgezeichnet werden mit einem kleinen Geschenk.


GESPRÄCHSMÖGLICHKEITEN:

»Haben Sie schon mal etwas gewonnen?
Lotterie, Lose, Preisausschreiben …«
»Wo kann man etwas gewinnen?«
Toto, Lotto, Pferderennen, Casino, Wettbewerbe verschiedener Art, eine Medaille beim Sport, bei der Tombola vom Sommerfest im Heim z. B. Lose, aber auch Nieten kann man da ziehen, auf der Kirmes beim Schießen oder Büchsenwerfen,
in der Lotterie (einen Dreier, einen Sechser im Lotto haben),
bei einem Preisausschreiben, beim Einsenden des Lösungswortes von Kreuzworträtseln,
bei Quizsendungen im TV.
(BTA denkt sich ein Quiz und dazugehörige Fragen aus. Gewinne eingeschlossen!)

Die sechste Geschichte

# Spiegellichter

Stefan war neun Jahre alt, hatte Sommerferien und Langeweile. Seine Familie bestand aus ihm und seiner Mutter, und die war auf Arbeit. Seine Schulkameraden räkelten sich in Italien oder Griechenland in der Sonne und am Strand oder stürzten sich in die Fluten des Meeres.

Und er?

Saß allein daheim und hatte mordsmäßige Langeweile. Nicht nur, dass seine Mutter keinen Urlaub hatte, sie hatte auch nicht das Geld, um mit ihm zu verreisen.

»Tut mir leid, das ist bei uns einfach nicht drin!«, war ein geflügeltes Wort im Hause Meltzer.

Die Sonne schien in sein Zimmer, er hatte keine Lust rauszugehen, im Hof war keiner, der auf ihn wartete. Er schlenderte ziellos durch die Wohnung. Im Flur auf der Garderobe lag Mutters Spiegel. Stefan schaute hinein und machte eine furchteinflößende Grimasse. Wütend war er. So wütend, dass es Sinn machte, den alten Mann im Haus gegenüber zu ärgern.

Der lag in seinem Liegestuhl auf dem Balkon und schien überm Zeitunglesen eingenickt zu sein.

Stefan drehte den Spiegel so, dass er das Sonnenlicht reflektierte, und steuerte damit direkt auf des Nachbarn Gesicht und Augenpartie zu. Im Schlaf fing der Mann an, mit den Händen vor seinem Gesicht herumzufuchteln.

Stefan grinste und versteckte sich hinter der Gardine, aus Angst, der Alte könne erwachen und ihn erkennen.

Aber auch die Angst hielt ihn nicht davon ab, dieses Spiel weiterzutreiben. Er stand irgendwie unter Zwang und konnte es einfach nicht bleiben lassen.

Plötzlich erhob sich der Mann von seinem Liegestuhl, spähte kurz in Stefans Richtung und zog sich in seine Wohnung zurück.

Dem Jungen war es wieder langweilig, doch tief in ihm meldete sich auch sein schlechtes Gewissen.

Plötzlich blendete ihn etwas, es kam von gegenüber. Der Alte hatte einen großen Spiegel in der Hand und blinkte damit zu Stefan herüber. Dem war so, als lächle der Mann.

Er leuchtete LANG, dann PAUSE, dann ZWEIMAL KURZ, PAUSE und noch einmal LANG.

Danach schaute er rüber zu Stefan, und dieser begann damit, genau das Gleiche zu wiederholen.

Der Mann antwortete wieder mit einer neuen Kombination.

Es war wie Morsezeichen senden.

Immer komplizierter und ausgefeilter wurden die Abfolgen des sich gegenseitig ›Zublinkens‹.

Am nächsten Tag traf Stefan den alten Mann im Hof; er leerte gerade den Mülleimer.

»Hallo, ich bin der Junge mit dem Spiegel!«

»Ach, du bist es, du Schlingel«, grinste der Mann, der Herr Ferenz hieß.

»Aber das hat Spaß gemacht, mir war gestern nämlich sooooo langweilig!«

»Mir auch!«, erwiderte Stefan.

»Was machst du sonst so, mein Junge? Also, wenn du nicht gerade unschuldige Opas in ihrem Mittagsschlaf störst?«

»Oooooch, ich weiß auch nicht so genau …!«, überlegte Stefan.

»Ich gehe oft ins Tierheim!«

»Ins Tierheim?«

»Ja, da geh ich mit verschiedenen Hunden Gassi, denen ist nämlich auch langweilig, musst du wissen, so eingesperrt wie sie dort sind, und ohne Herrchen oder Frauchen, die sich um sie kümmern. Wäre das nicht was für dich, grade jetzt in den Sommerferien und auch danach?«

»Au fein!«, rief Stefan, und sie verabredeten sich für den nächsten Tag.

»Dreimal KURZ und zweimal LANG heißt Treffpunkt im Hof und ab mit uns ins Tierheim zu den Hunden!« meinte Herr Ferenz und hielt Stefan die Hand hin, der schlug ein:

Es war abgemacht!

Von da an wussten weder Stefan noch der alte Mann jemals wieder, wie das Wort ›Langeweile‹ überhaupt geschrieben wird.

## WEITERFÜHRENDES:

## MITBRINGSEL:

- ➢ Taschenspiegel. Spiegel, welche eine Vergrö-
  ßerungsform
- ➢ haben, bei Sonneneinfall oder im Freien das
  Spiegeln
- ➢ nachmachen
- ➢ einen Bildband zu Hunden betrachten
  (über verschiedene Rassen sprechen)
- ➢ einen Ausflug in ein Tierheim planen.

Die Bewohner erzählen lassen von ihren Hunden, welche sie besaßen; die Rasse, der Name, Erlebnisse, die sie mit ihnen hatten.

## WORTFINDUNGEN:

Bewohnern einen Ball zuwerfen, jeder der ihn fängt, nennt eine Hunderasse oder den Namen seines Hundes.
Pudel, Schäferhund, Cockerspaniel, Dackel, Foxterrier, Bernhardiner, Collie …
Hasso, Lumpi, Lassie (der berühmte Fernsehserienhund), Lucky, Rocky, Brutus, Bello, Pluto, Rex, Strolchi, Waldi, Fifi …
Einen KINONACHMITTAG planen: im Heim gemeinsam
einen alten Lassiefilm oder ›Ein Hund namens Beethoven‹ anschauen.

SPRICHWÖRTER und REDENSARTEN
zu Hunden und Spiegeln:

›Den Letzten beißen die Hunde‹
›Auf den Hund gekommen sein‹
›Bei diesem Wetter jagt man keinen Hund hinaus‹
- ➢ Ein Hund ist TREU, ein FREUND, ein SCHUTZ (Wachhund)
- ➢ Wie nennt man den Hundebesitzer?

Herrchen oder Frauchen
Wenn wir mit einem Hund spazieren gehen, bezeichnet man das als Gassi gehen.
›Spieglein, Spieglein an der Wand, wer ist die Schönste im ganzen Land?‹
Aus welchem Märchen stammt das? – Schneewittchen
›Jemandem den Spiegel vorhalten‹ – ihm die Wahrheit über ihn selbst ins Gesicht sagen

- ➢ Wie ist jemand, der ständig in den Spiegel schaut? – eitel
- ➢ Etwas spiegeln, spiegelverkehrt
- ➢ Ein zerbrochener Spiegel bedeutet 7 Jahre Pech.
- ➢ Wenn jemand verstirbt, hängt man die Spiegel zu.
- ➢ In welchem natürlichen Element können wir uns spiegeln?

An der Wasseroberfläche = Wasserspiegel
> ➤ Ein alter Spiegel kann matt sein, er ist dann
> ›blind‹
> ➤ Die Augen sind die Spiegel der Seele –
> ➤ Sie spiegeln unser Inneres wider.

WÖRTER mit HUND oder SPIEGEL:

hundsgemein
Hundehütte
ein Hundeleben
Handspiegel
Wandspiegel
Taschenspiegel
Wasserspiegel
Spiegelbild …

Evtl. auch das Thema ›Langeweile‹ ansprechen:
Was kann man dagegen tun?
Den Satz:
»Es gibt keine Langeweile, es gibt nur langweilige
Menschen« in den Raum werfen.
(Viele werden sagen, sie hätten keine Zeit zur Lange-
weile gehabt, denn sie mussten von früh bis spät ar-
beiten).

Die siebte Geschichte

# 300 weniger 1
# oder
# Wozu Rumkugeln gut sind

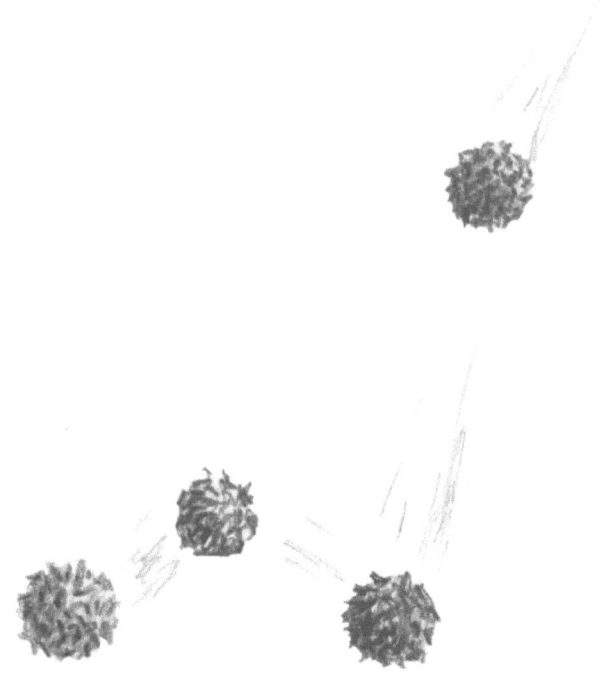

Viele Hobbys hatte sie nicht mehr, die 83-jährige Margot. Um der Wahrheit die Ehre zu geben, hatte sie noch nie viel gehabt, was sie in ihrer Freizeit hätte tun können. Was schlicht und ergreifend damit zu tun hatte, dass sie immer etwas zu tun hatte.

Ihr ganzes Leben war geprägt gewesen von Arbeit: Die Landwirtschaft, die Kinder, der Haushalt ...

Aber nun, nun gab's einfach nichts mehr zu tun! Doch ihre Freundin aus Kindertagen, die Bertha, hatte sie gestern besucht, unter dem Arm einen großen, flachen Karton. Die letzten Stufen zum 4. Stock ihrer Wohnung kam sie hinaufgeschnaubt, und schon ging es los:

»Margot, Margottchen, ach Gott, Margot, was wohnst du auch so weit oben?! Ach, Gottchen !!!«

Sie japste nach Luft. »Ich hab dir was mitgebracht, guck!«

Sie hatte noch nicht abgelegt, stand in ihrem flieder-farbenen, offenen Mantel vor Margot und wedelte mit einem Karton vor ihr herum. Ein lautes Klappern erfüllte den Raum.

Und dann sah Margot, was Bertha ihr da mitgebracht hatte: Ein Puzzle! Die Staubflocken stoben durch das Zimmer. Weiß Gott, wo Bertha das Spiel wieder her hatte, vielleicht aus dem Sammelsurium ihres Spei-chers.

»Du bist eine richtige Gruschtl!«, foppte Margot sie des öfteren.

»Das machen wir jetzt zusammen!«, bestimmte Bertha.

»Du und ich! Jawohl, und dann, wenn es fertig ist, ziehen wir es mit Kleber auf Zeitungspapier auf und hängen es in die Küche.«

Erst jetzt hielt die wilde Bertha ihre Arme still und Margot erkannte das Motiv des Puzzles: Unzählige bunte Cupcakes, kleine, leckere Kuchen! Verziert mit Zuckerguss, Liebesperlen und bunten Streuseln ... Ja, das würde sich gut machen an der kahlen Wand in der spärlich eingerichteten Küche.

»Uuuuund ...«, Bertha nestelte geheimnisvoll in ihrer großen bunten Stofftasche herum und zauberte eine Familienpackung Rumkugeln hervor, »die naschen wir dazu!«

Dass Naschen zu Berthas Hobbys zählte, konnte ihre Leibesfülle kaum verbergen.

Nun denn, sie setzten sich an den blanken Tisch der guten Stube und begannen, die geraden Puzzleteile herauszufischen, um zuerst den Rand zu legen. Nebenbei brühte Margot Kaffee auf, und im Radio lief der sogenannte Spätzlessender und spielte alte Schlager ein.

Es war so gemütlich!!! Die beiden Frauen erzählten und suchten und fanden mit »Ahh« und »Jaaa, ich hab's!«

Dazwischen futterten sie immer wieder Rumkugeln!

»Bertha, wenn wir so viele Rumkugeln essen, dann werden wir so dick, dass wir rumkugeln!«, machte Margot einen Scherz.

Fröhlich waren sie, gelöst und glücklich.

»Oder wir bekommen einen Schwips vom Rum!«

»Ach was, wo denkst du hin? 4 % Rum, das ist doch nix, meine Hustentropfen hatten 56 %!«

Und wieder lachten sie aus vollem Herzen; das Puzzle nahm mehr und mehr Gestalt an. Die Zahl der losen Teile schrumpfte im gleichen Maß, wie es die Rumkugeln taten. Eine Handvoll Teilchen waren noch übrig, und beiden wurde zusehends klar, dass da eines fehlte!

Ein rosa Sahnetupfer auf einem Küchlein!

Ohhhh, wie ärgerlich!

299 Teile hatten sie verarbeitet, und jetzt fehlte das allerletzte! Vor lauter Frust wollte sich Bertha gleich zwei Rumkugeln in den Mund stopfen, doch eine kullerte ihr aus der Hand und unters Sofa! Sie stand auf und kniete nieder.

»Bertha, lass das doch, denk an deinen schlimmen Rücken! Ich fahr später mit dem Schrubber unters Sofa, da kommt die Kugel sicher zutage.«

Aber Bertha war stur, sie schob ihre Finger tastend unters Sofa, und plötzlich rief sie:

»Ach, da schau her!«, rappelte sich auf, und hielt Margot die leicht eingestaubte Rumkugel unter die Nase.

Aber neben der Süßigkeit lag noch etwas anderes in Berthas Handfläche: Das 300. und letzte Puzzleteil, welches im Eifer des Spiels abgestürzt und weggerutscht war.

»Nur gut, dass Rumkugeln rumkugeln!«, lachte Bertha.

Und Margot begriff, dass es im Leben noch immer was zu tun gab, und dass das obendrein einen Heidenspaß machen konnte.

## WEITERFÜHRENDES:

verschiedene Puzzles mitbringen
(in Rahmen mit perforierten Teilabschnitten);
Kinderpuzzles, bekannte Motive (Schlösser, Burgen etc.);
Puzzle selbst zusammenlegen (einfache Puzzles);
Streifen-Puzzle herstellen (ein Bild in Streifen schneiden, welche danach wieder zusammengefügt werden müssen
(Einzelteile laminieren)

## HÖREN und SEHEN:

Einen Karton mit Puzzleteilchen zusammenhalten und schütteln, dass es nur so klappert!

Die Puzzleteilchen betrachten und befühlen
(Kanten und Rundungen mit Fingern abfahren)

Würfelpuzzle aus Holz, auf jeder Seite ein Bildausschnitt,
(Kindheitserinnerung) ergibt sechs Puzzles nach Vorlagen

Und natürlich Rumkugeln zum Naschen mitbringen und verteilen!!!

Die achte Geschichte

# (ist eine mit ›Sprichworten gespickte‹)

# SPRICHWORTGESCHICHTE

# (Redensarten und Ausdrücke inklusive)

Die Bewohner sollen, wenn möglich, diese Sprichwörter und Redensarten ergänzen, also lesen Sie die Geschichte nicht einfach so vor, sondern bauen Sie nach der Hälfte des Sprichwortes hier und da eine Pause ein und schauen Sie, ob die Zuhörer es ergänzen. Sprichwörter sind beim Menschen auch im hohen Alter tief verankert und in der Regel abrufbar!!

Und nun die Geschichte:

Lilly nahm ihre BEINE UNTER DIE ARME und rannte los.
Sie MACHTE SICH AUF DIE SOCKEN.
Bis ihr DIE ZUNGE ZUM HALSE HERAUSHING, lief sie.
Man hätte meinen können, sie RENNE UM IHR LEBEN.
Dabei ging es lediglich um die leckersten Dampfnudeln der Welt, und die konnte nur Oma Wilhelmine zaubern.

Lilly hatte es so eilig, weil Opa Eugen nun mal ein Schleckermaul war und Riesenmengen verputzen konnte.

Nur deshalb rannte Lilly so, als würde ihr DER KITTEL BRENNEN.

Oma wusste genau: LIEBE GEHT DURCH DEN MAGEN,

und sie liebte ihre Enkelin Lilly. Genauso wie ihren Ehegatten Eugen.

In den war sie schon seit über 40 Jahren, also eine EWIGKEIT UND DREI TAGE LANG total verschossen.

Es war damals ja auch LIEBE AUF DEN ERSTEN BLICK und ihr HIMMEL HING VOLLER GEIGEN.

Sie SCHWEBTEN AUF WOLKE SIEBEN.

Eugen hatte sich in seine Wilhelmine ÜBER BEIDE OHREN und HALS ÜBER KOPF VERLIEBT.

Kein Jahr verging und sie MACHTEN NÄGEL MIT KÖPFEN. Er HIELT, wie es sich gehörte, bei ihrem Vater UM IHRE HAND AN, und alsbald FUHREN sie GEMEINSAM IN DEN HAFEN DER EHE.

Seitdem gehörten sie einander mit HAUT UND HAAR, hielten zusammen wie PECH UND SCHWEFEL und liebten sich immer noch innig, denn ALTE LIEBE ROSTET NICHT.

Wilhelmine war hungrig, und da HUNGER DER BESTE KOCH IST, gelangen ihr die Dampfnudeln heute auch besonders gut.

Zu Lilly, die gerade um die Ecke fegte, meinte sie:

»Komm, mein Schätzchen, ESSEN HÄLT LEIB UND SEELE ZUSAMMEN.«

Lilly bewunderte Oma für ihren Fleiß: MORGEN-STUND HAT GOLD IM MUND, DER FRÜHE VOGEL FÄNGT DEN WURM und weil VON NIX NIX KOMMT, hielt sie es mit der Weisheit: SICH REGEN BRINGT SEGEN und SCHWANG um sechs Uhr früh schon IHRE HUFE.

WAS DU HEUTE KANNST BESORGEN, DAS VERSCHIEBE NICHT AUF MORGEN.

Sie wusch, putzte, spülte, buk, kochte, bügelte, fegte und wischte, flickte und nähte.

HALTE ORDNUNG, LIEBE SIE, ORDNUNG SPART DIR ZEIT UND MÜH war ein viel gesagter Spruch, und dennoch: EILE MIT WEILE denn ÜBERMUT TUT SELTEN GUT –

so ermahnte sie Lilly, wenn dieser kleine Wildfang mal wieder ÜBER DIE STRÄNGE SCHLUG.

Oma brachte Lilly sehr viel bei:

FRÜH ÜBT SICH, WAS EIN MEISTER WERDEN WILL, und schließlich ist es doch auch so:

WAS HÄNSCHEN NICHT LERNT, DAS LERNT HANS NIMMERMEHR.

Aber wenn ihr etwas nicht glücken wollte, wurde die Kleine schnell missmutig und ungeduldig:

ES IST NOCH KEIN MEISTER VOM HIMMEL GEFALLEN.

Bei der Handarbeit stellte sich Lilly geschickt an, aber mit dem Knopfannähen hatte sie so ihre Probleme,

denn das Garn verhedderte sich doch zu gern. VER-
FLIXT UND ZUGENÄHT, schimpfte sie dann los.

Oma wiederum konnte es sich nicht verkneifen und
sagte mit einem Augenzwinkern: LANGES FÄD-
CHEN, FAULES MÄDCHEN.

Oh, in solchen Momenten ging Oma der Lilly mit ihren
ewigen Sprichwörtern manchmal arg

AUF DEN TRICHTER

AUF DEN KEKS

AUF DEN SEIHER

und

AUF DIE NERVEN

Aber andersherum galt das eben auch, doch Oma ver-
fügte zum Glück über NERVEN WIE DRAHTSEILE.

Beide hatten sie DAS HERZ AUF DEM RECHTEN
FLECK und TRUGEN IHR HERZ AUF DER
ZUNGE.

Gleichzeitig aber FÄLLT DER APFEL NICHT WEIT
VOM STAMM und WIE DER HERR SO DAS
G`SCHERR:

Diese ulkige Sprichwortsache färbte auf Lilly ab und
sie benutzte bald die gleichen Sätze wie ihre Oma.

Inzwischen jedoch hatte an besagtem Tag Opa Eugen
ganze fünf und eindreiviertel Dampfnudeln mit Vanille-
soße verdrückt und er bekam natürlich ordentlich
Bauchweh.

DA WAREN DIE AUGEN WIEDER MAL GRÖSSER
ALS DER MAGEN und

ALTER SCHÜTZT NUNMAL VOR TORHEIT
NICHT.

Oma meinte, Opa Eugen sei manchmal so gefräßig,
weil sie im Krieg und danach so sehr hungern mussten:
»SCHMALHANS WAR KÜCHENMEISTER!
WIR MUSSTEN DEN GÜRTEL ENGER SCHNAL-
LEN.«
Es gab Bucheckernöl und Muggefugg aus gerösteten
Eicheln und Brennnesselsuppe, ja, selbst das dürftige
Mehl streckten sie in ihrer Verzweiflung mit Säge-
spänen.
Denn NOT MACHT ERFINDERISCH,
TROCKEN BROT MACHT WANGEN ROT,
und überhaupt und sowieso
steh'n in keiner Geschichte
und nirgendwo
so viele Sprichwörter drin,
aber die machen halt auch Sinn.

## WEITERFÜHRENDES:

Falls Sie nach dieser Geschichte noch immer nicht ›sprichwortmüde‹ sind, hier noch einige Tipps:
Fertigen Sie ein Spiel aus Karten an, auf denen je die Hälfte des Sprichworttextes auf zwei, oder bei längeren, auch drei Karten stehen. Bitte GROSSBUCHSTABEN benutzen und deutliche Druckschrift! Die BW fügen dann die Paare zusammen; es ist wie bei Memory.

Welche Sprichwörter kennen Sie noch? Zusammentragen.

Lügen haben kurze Beine
Wer im Glashaus sitzt, soll nicht mit Steinen werfen
Besser den Spatz in der Hand als die Taube auf dem Dach
Wer andern eine Grube gräbt, fällt selbst hinein
Den Letzten beißen die Hunde
Wer zuletzt lacht, lacht am Besten
Jeder kehre vor seiner eigenen Tür
usw. usw.

Die neunte Geschichte

# Die Rosendiebin

Elfriede liebte Rosen. Das war ganz einfach. Rosen liebt jeder, denn sie sind ja die Königinnen der Blumen, nicht wahr.

Aber die, welche nahe des Rathauses gediehen, an diesem prächtigen Strauch, ach, was sag ich da Strauch, es war beinahe ein Baum, so riesig hoch aufragend und ausladend, wie er dastand – diese Rosen hatten es ihr besonders angetan und ihre Leidenschaft geweckt.

Schon beim Vorbeispazieren verströmten die orange-roten drallen Blüten einen atemberaubenden, betörend süßen Duft. Ein laues Lüftchen trug ihn in Elfriedes feines Näschen und sie begann ihn gierig einzuatmen.

Am Rathaus wuchsen, gediehen und blühten sie, an einem Platz der Öffentlichkeit.

Dabei sollten sie doch ihren eigenen Garten schmücken, dort ihren betörenden Duft entfalten.

Nachts träumte Elfriede von den Blumen. Wie sie sprießen und wachsen würden in ihrem Garten. Sie sah sich auf ihrem Liegestuhl ruhend ein Buch lesen, neben ihr das kleine Holztischchen mit einer Tasse Kaffee und gefülltem Gebäck (mit Rosenmarmelade gefüllt, selbstredend). Und über ihr und neben ihr und hinter ihr, ja, sogar unter ihr und rechts von ihr und links von ihr Rosen, Rosen und weiter nichts als Rosen, überall, allüberall Zauberrosen.

Wie ein waches Dornröschen war sie in ihrem Traum, obwohl, dieser Traum, er hätte ohne weiteres 100 Jahre andauern dürfen; er war so phantastisch schön und doch so real.

Der Wecker schrillte und Schluss war mit lustig.

Beim Frühstück fasste Elfriede einen Entschluss.

Drastische Maßnahmen mussten getroffen werden.

Und so machte sie sich eines Nachts auf den Weg.

Bewaffnet mit einer Heckenschere, einer undurchsichtigen Stofftragetasche und einem Paar Gartenhandschuhe.

Die Gartenhandschuhe waren weniger wegen eventueller Fingerabdrücke als vielmehr aufgrund der Rosendornen vonnöten.

Als sie am Rosenstrauch ankam, fackelte sie nicht lange und schnitt ›schnipp schnapp‹ einen Steckling ab. Sie war in Gartenfragen sehr bewandert und wusste genau, wo sie die Schere ansetzen musste. Plötzlich hörte sie sich nähernde Schritte auf dem Weg, den auch sie gekommen war. Sie erschrak und ängstigte sich nun doch. Nachts und bei einer nicht ganz astreinen Tätigkeit überrascht zu werden, war ihr dann doch mehr als unangenehm. Schweiß perlte auf ihrer Stirn und ihre Hände zitterten. Mit Hängen und Würgen und zittrigen Händen schaffte sie es, den widerspenstigen, stacheligen Ableger in der mitgebrachten Tasche zu verstauen. Gott sei Dank, keiner hatte ihr Tun gesehen.

Elfriede war grundsätzlich eine ehrliche Haut, eine brave Bürgerin und grundsolide Rentnerin.

Aber ganz ehrlich, bei Rosen setzte ganz einfach ihr Verstand aus.

Den ergaunerten Sprössling jedenfalls pflanzte sie dann in ihren Garten, wo er prächtig gedieh und auch bald blühte, duftete und ihr unendliche Freude bereitete.

Als der Strauch bereits sehr hoch gewachsen war und sich ausnehmend gut in Elfriedes grünem Paradies, ihrem Garten, machte, wurde das Rathaus mitsamt der es umgebenden Außenfläche grundsaniert, und dabei verschwand der herrliche Rosenstrauch; er wurde einfach ausgerissen und herzlos entsorgt.

Angesichts dieses Verbrechens wurde Elfriede eines klar: Wenn sie jemals ein schlechtes Gewissen geplagt hatte, weil sie sich damals einfach einen Sprössling gemopst hatte, so war nun das Gegenteil der Fall.

Elfriede war keine Rosendiebin, sondern eine Rosenretterin!

Jawohl ja!

Ohne ihr Handeln gäbe es diese Pflanze nicht mehr, und so ging sie in den Garten und steckte ihre Nase in die Blüten, während ihr Herz kleine, dankbare, glückliche Hopser machte.

## WEITERFÜHRENDES:

Wir kreieren ein kleines gebundenes Büchlein, in welches wir gemeinsam Rosengedichte und Rosenlieder sammeln, Rosenbilder (auch Poesiebuch-Oblaten) einkleben, echte getrocknete Blütenblätter dürfen nicht fehlen.
Wir schauen es gemeinsam an und ein BW liest oder ich selbst lese die Texte vor.

WIR SINGEN LIEDER wie:
»Sah ein Knab ein Röslein stehen«
»Rote Rosen, rote Lippen, roter Wein«
»Weiße Rosen aus Athen«
»Das Jungbrünnlein«
»Guten Abend, gut' Nacht«
»Und in dem Schneegebirge«

## MITBRINGSEL:

Ein Strauß Rosen, auch Jahrmarktsrosen aus Kunststoff, oder Stoffblumen, Bilder, Rosenöl, Rosenseife und Rosenparfüm zum Riechen, Rosenmarmelade zum Kosten, Hagebuttenmarmelade
Die Bewohner erzählen von ihrem Garten.
Was sind ihre Lieblingsblumen?
Mögen Rosen Dünger? Wenn ja, welchen?
Wie schneidet man sie zurück und wann?

BEWEGUNG:

Ein Ball wird hin- und hergeworfen; jeder, der ihn fängt, nennt eine Blumensorte.

WORTSAMMLUNG mit RO:

Bei einer Wortsammlung umschreibe ich das gesuchte Wort, so dass die Bewohner es erraten können.

ROSEN (die Königin der Blumen), ROT (welche Farbe hat Blut? / Wenn wir uns aufregen, sehen wir ROT), Rom (Hauptstadt von Italien), RODELN (Schlitten-fahren anderes Wort), ROCHEN (ein Fisch), ROST (wenn Metall oxidiert, sich rot färbt), ROLLE (eine Klopapier…, ein anderes Wort für Purzelbaum), ROBBE (lebt im Meer, ist ein Säugetier, kein Fisch), ROBOTER (eine Maschine, wie ein Mensch), ROMAN (eine längere Geschichte, ein Buch zur Unterhaltung, Groschen …), ROH (das Gegenteil von gar), ROSA (Mädchen tragen gern diese Farbe, baby…), ROTIEREN (sich schnell rundherum drehen), ROTZ (umgangssprachlich für Nasensekret, Schnup-fen), ROUTINE (was man immer tut, gleicher Ablauf)

Die zehnte Geschichte
(welche jedoch ein LIED ist):
Ein Lied, zu singen auf die Melodie
der ›Schwäb'schen Eisenbahn‹

# Der Spätzle-Song
# für uns're
# Spätzlespätzle

1.
Mir senn älle echte Schwobe.
Wenn mir uns're Spätzle schobe,
von dem Brett
en d' Brüh' glei nei,
semmer älle mit dabei.

2.
Was mar brauchet, des isch Mehl,
frische Eier, groß on gel,
schütt a bissle Wasser zu,
wirft er Blose dann im Nu!

3.
On die Kender gucket zu,
gäbet ällesamt koi Ruh',
schlag den Teig
was d'schlage kosch!
Spätzle,
jo, die mog dei Gosch!

4.
Mit em Spätzleschwob
kosch drücke,
was dein Gatte wird beglücke.
Spätzle, lang wie Regewürm,
i auf meinen Teller türm.

5.
Wenn die Mudder
röstet Zwibble,
freut sich jedes lausig' Büble,
weil 's heut Spätzle gibt mit Käs!
Ausg'ruht wird no uff de Chaise.

6.
And're liebet au die Knöpfle,
fallet in de Bauch wie Tröpfle:
Mehl und Eier,
a weng Salz,
g'schwenkt in lecker Butterschmalz.

7.
Fein für'd Supp'
reib i mei Ribbele,
fängt mei Herzle
oah zum Hibbele,
nix goht über d' Schwobeküch' –
d' Spätzle lend ons
nie im Stich!!

(Lied vorlesen, vorsingen, Text kopieren in großer
Schrift, Textblätter verteilen und gemeinsam singen)

WEITERFÜHRENDES:

MITBRINGSEL
ZUM ANSCHAUEN und BEFÜHLEN:

Spätzleschwob (Spätzlepresse), Spätzleholzbrett und
-schaber, Spätzlehobel, Schaumlöffel,
fertige trockene Spätzle in der Tüte (knistert), echte
Spätzle, Käsespätzle z. B. (Kostprobe)

ERZÄHLEN:

Was gibt es für Spätzlegerichte: Käsespätzle, Spätzle
mit Soß (»Mit Spätzle on Soß werd i groß«)
›Verheiratete‹ (das sind Kartoffelschnitz und Spätzle),
Leberspätzle, Linsen und Spätzle und Saitenwürstchen.
Was für Zutaten brauchen wir?
Mehl, Eier, Wasser, Salz (Teig schlagen, bis er Blasen
wirft)

Die Küche des Heims macht uns Käsespätzle.

Die elfte Geschichte

# Das Knotentuch

Frieda war eine ältere Dame, und wie es diese so an sich haben, in manchen Dingen sehr eigen.

Sie liebte zum Beispiel ihre Stofftaschentücher. Von diesen ›Einmalbenutzundwegwerfzellstofftüchern‹ mochte sie nichts wissen.

Aber nicht nur ihre Schnupfennase fand Trost in bunten Stofftaschentüchern mit kitschigen Motiven und Monogrammen und fein umhäkelten Rändern, nein, sie hatten nebenbei auch eine ganz andere Verwendung.

Ja, klar, sie hätte sich schon längst einmal einen Schreibblock nebst Stift auf ihren Nachtkasten legen können, also ehrlich! Das hätte bei folgendem zu schildernden Problem sicherlich für Abhilfe gesorgt.

Gegen 22 Uhr ging Frieda gewöhnlich zu Bett, und bevor sie in einen seligen Schlummer fiel, ließ sie vor ihrem geistigen Auge noch einmal den vergangenen Tag Revue passieren und machte sich zwangsläufig gleichzeitig Gedanken darüber, was am morgigen Tag anstand.

Wenn sie so im Bett lag und vor sich hin sinnierte, fiel ihr meistens plötzlich etwas ein:

Morgen wollte sie ihre alte Schulfreundin Marga anrufen, Oh, das durfte sie nicht vergessen: Marga hatte am 1. November Geburtstag. Frieda tastete unter dem Kopfkissen nach ihrem großen Stofftaschentuch und machte einen Knoten hinein.

Der stand als Gedankenstütze und Erinnerungshilfe für den Anruf bei Marga.

Nun gut, sie war jetzt rechtschaffen müde und wollte schlafen.

Da fiel ihr ein, dass sie Herrn Schmitz vom 3. Stock fürs Wochenende einen Hefezopf versprochen hatte!

Ja und nun? Alles hatte sie dafür zu Hause, außer dem Ding, ohne das nichts geht, zumindest kein Teig (BW fragen, was für Zutaten zu einem Hefezopf gehören).

Sie musste morgen unbedingt Hefe kaufen gehen.

Nur gut, dass das Taschentuch groß genug war, um einen weiteren Knoten zu vertragen.

Wenn man es genau betrachtete, handelte es sich ja eher um ein Herrentaschentuch, anstelle eines solchen für Damen.

Also: Marga anrufen, Hefe kaufen!

Frieda drehte sich auf die rechte Seite und kuschelte sich in ihre Zudecke.

Da sah sie eine Medikamentenschachtel auf dem Nachtkasten liegen.

Blutdrucktabletten.

Oh, sie hatte nur noch einige wenige Pillen, und der Hausarzt ging in Urlaub.

Gleich morgen früh musste sie sich ein neues Rezept holen.

Nur gut, dass das Taschentuch so groß war.

Wenn man ehrlich war, glich es eigentlich weniger einem Männertaschentuch, es war ja doch schon beinahe ein Geschirrhandtuch.

Jedenfalls passte da locker noch ein dritter Knoten rein als Erinnerungshilfe für das Rezept vom Doktor.

Danach schleuderte Frieda das Knotentuch auf den Boden, und ihre müden Augen fielen wie zufällig auf den Kalender an der Wand.

31. Oktober.

Ok, morgen musste sie das Kalenderblatt abreißen, es war dann auch schon wieder November.

Kinder, wie die Zeit vergeht!

Aber dafür brauchte sie nicht einen vierten Knoten ins Tuch zu machen.

Das war nicht soooo wichtig.

Frieda schmunzelte und freute sich darüber, doch kurz bevor sie nun endlich hätte einschlafen können, kam es wieder, dieses siedend heiße Gefühl, welches von ihren Fußzehen ganz hoch bis unter ihre Haarwurzeln kroch. Es war zum Verrücktwerden.

Morgen, so fiel ihr ein, musste sie die Novemberwertmarke auf die Stammkarte ihres Bustickets kleben, sonst gab's wieder unnötig Ärger mit den Kontrolleuren.

Nur gut, dass das Taschentuch so groß war. Genau genommen war es weder ein Damentaschentuch noch ein Herrentaschentuch noch ein Geschirrtuch, es ging schon eher in Richtung Tischdecke!

So schlang Frieda also einen weiteren, vierten Knoten in den äußeren Zipfel ihres Tuches.

Und dann versuchte sie etwas, was so viele Menschen versuchen: Einfach nichts mehr zu denken um, eeeeendlich einzuschlafen. Schafe zählen war keine Option; immer, wenn sie anfing, Schafe zu zählen, fingen diese an, ewig blöd rumzublöken.

Frieda hatte Glück. Sie kam nicht in die Verlegenheit, erkennen zu müssen, dass das Taschentuch eigentlich nicht gerade ein Damentaschentuch war, auch kein Herrentuch, auch kein Geschirrtuch und auch kein Tischtuch, sondern eher etwas so Überdimensionales wie ein Bettlaken, nein, es fiel ihr in dieser Nacht, Gott sei Dank, nichts mehr ein, von dem sie befürchtet hätte, dass es morgen früh aus ihrer Erinnerung gelöscht sein würde, weil, ja, weil sie dafür eben keinen Knoten geknotet hatte.

Als sie endlich eingeschlafen war, schlief sie recht gut, wachte sie am Folgemorgen auf und stieg hurtig aus dem Bett, weil sie so sehr auf die Toilette musste. Ihre nackten Fußsohlen traten dabei auf das Knotentuch, das war äußerst schmerzhaft. Sie bückte sich mürrisch, packte es an einem Zipfel und hielt es von ihrem Körper weg. Sie betrachtete es wie etwas, das nicht von dieser Welt war, und drehte es in der Luft hin und her.

4 Knoten waren darin. Ein jeder stand für eine Sache. Hefe und Blutdruck und Busfahrkarte und Marga.

BINGO! SUPER! Klappte doch!

Ein Liedchen pfeifend ging sie in die Küche und schaltete das Radio ein. Sie wollte sich gerade Frühstück machen, da meinte der Mann im Radio, es sei 7 Uhr 30 und außerdem der 30. Oktober.

Oh nein, Frieda hatte sich gleich um zwei Tage vertan und ganz umsonst die Hälfte dieser vermaledeiten Knoten geknotet.

Aber egal; sie würde heute schon die Hefe kaufen und auf jeden Fall das Rezept für die Blutdrucktabletten holen.

Und nein, sie wollte sich nicht aufregen, und ja, sie würde zwei Knoten entfernen.

Schließlich brauchte sie wieder Platz für neue, denn wer wusste schon, was ihr heute Abend im Bett so alles einfiel?

WEITERFÜHRENDES:

MITBRINGSEL:

Viele bunte Taschentücher aus Stoff (mit gehäkelten Bordüren, Monogrammen, Kindermotiven wie Zwerge, Märchenthemen, auch solche mit abgebildeten Sehenswürdigkeiten einer Stadt, große karierte Herrentaschentücher) – siehe auch die Geschichte HIMMELSWETTER

Um die Geschichte zu veranschaulichen und noch mehr Spaß hineinzubringen, kann ich auch jeweils
ein Damentaschentuch,
ein Herrentaschentuch,
ein Geschirrhandtuch,
ein weißes Tischtuch
und ein großes altes Bettlaken
mitbringen.
Ich versuche dann, mit den Bewohnern da hinein jeweils einen Knoten zu binden, das schult die Motorik.
Zusammen für jeden einzelnen Bewohner eine sogenannte ›Hatschikiste‹ basteln:
Ein alter Schuhkarton, auf dessen Deckel wir ein besonders farbenfrohes Stofftaschentuch kleben und ihn ringsum mit aus Zeitschriften ausgeschnittenen Nasen verzieren.
Darin werden dann die Stofftaschentücher aufbewahrt, viele Bewohner falten auch gerne die Tücher und streichen sie glatt.

Evtl. einen Abrissblock auf einer Holztafel nebst Bleistift an einer Schnur, wie man ihn in der Küche kennt.
Eine kleine Schiefertafel für Notizen.

FRAGEN STELLEN und so ein GESPRÄCH in Gang
bringen:

Wie merken Sie sich Dinge (aufschreiben oder einen
Gegenstand ins Blickfeld legen, damit man ihn nicht
vergisst mitzunehmen?
Zettel schreiben?
Anderen sagen, sie mögen einen an Dinge nochmal
erinnern: »Denkst du dran, dass ich …«

WÖRTER SUCHEN UND FINDEN:

Ein WÖRTERMEMORY mit TASCHE und TUCH
herstellen und auf Kartonkarten in Großbuchstaben
je die Hälfte eines zusammengesetzten Wortes
schreiben.
zum Beispiel:
TASCHEN – TUCH / TASCHEN – MESSER /
TUCH – BLEICHE / TASCHEN – UHR /
HAND – TUCH / HOSEN – TASCHE /
TASCHEN – DIEB / TUCH – MACHER /
KOPF – TUCH / HALS – TUCH /
HAND – TASCHE / REISE – TASCHE /
BETT – TUCH / TASCHEN – SPIEGEL /
TASCHEN – SPIELER / BRUST – TUCH
usw.

Andere Redewendungen zu den Begriffen TASCHE und TUCH:

beTUCHT sein = reich sein, vermögend

»Das letzte Hemd hat keine TASCHEN.« (Wenn wir sterben nehmen wir nichts Materielles mit, sondern nur unsere Taten.)

»In die eigene TASCHE wirtschaften«
(sich bereichern am Hab und Gut anderer)

»Ein Stück Brot in der TASCHE ist besser als die Feder auf dem Hut.« (Man soll mit dem zufrieden sein, was man hat, und nicht unbedingt etwas Höheres erreichen wollen.)

»Man muss dem TASCHENspieler auf die HAND lugen, nicht auf die Augen.« (achtgeben)

»Naschen macht leere TASCHEN.« (Wenn man über seine Verhältnisse lebt, verarmt man.)

»Das ist mir wie ein rotes TUCH!« (wenn einen etwas aufregt, nervt)

»Rein und ganz gibt dem schlechtesten TUCHE Glanz.« (Die Kleidung soll sauber und ordentlich sein, dann zählt es nicht, wenn es nichts Teures war.)

»Wie das Garn, so das TUCH.«
(wie die Eltern, so die Kinder / wie der Meister, so der Geselle)


EIN ZUNGENBRECHER:


Die Köchin mit dem TupfenkopfTUCH kocht Karpfen in dem Kupferkochtopf.

Die zwölfte Geschichte

# Vom Suchen und Finden

Herr Ferdinand Mück ist rüstiger Rentner und seit zwei Jahren Witwer.

Er hat niemanden mehr.

Keine Frau, keine Kinder und deswegen auch keine Enkel, keinen Hund und auch keine Freunde.

Was er hat, ist Zeit. VIEL Zeit und noch mehr Langeweile.

Da fällt ihm eines Tages eine der vielen Karten, die am schwarzen Brett des größten Supermarktes seiner Gegend hängen, ins Auge.

Herr Mück hat so viel übrige Zeit, dass es ihn jeden Tag in diesen Supermarkt zieht.

Er geht dorthin, um etwas gegen seine schreckliche Einsamkeit zu tun, indem er all die fremden Menschen und Familien beobachtet, ihre Betriebsamkeit, ihr Lachen, ihr Sprechen und ja, die Zettel am schwarzen Brett liest.

Und nun steht da bei ICH SUCHE folgender Text in weiblich anmutender Schrift:

Welcher rüstige Rentner könnte sich vorstellen, für meinen fünfjährigen Sohn Max ein lieber Opa zu sein? Spielen, Vorlesen, Drachen bauen und mehr …Wir suchen einen Mann zwischen 65 und 80 Jahren, der sich, während ich arbeite, nachmittags ab 16 Uhr um meinen Sohn kümmert.

»AHA! Opa spielen! Geht's noch? Die spinnen doch!«, denkt Ferdinand. Sowas neben Angeboten von Fahrrädern und gebrauchten Couchgarnituren auszuhängen! Tssss …Tssss. Wer will sich schon in seinem wohlverdienten Ruhestand mit solch einem Lausejungen rumärgern?

Denn ein Lausejunge muss dieser Max sein, man denke nur an den gleichnamigen Helden von Wilhelm Busch.

Und dennoch ertappt er sich dabei, wie er einen Streifen vom Blatt abreißt, auf dem die Telefonnummer von Max' Mutter steht, und er ertappt sich auch dabei, wie er schnellen Schrittes nach Hause hastet und ohne noch erst seine Jacke auszuziehen, eben diese Nummer wählt.

Ein kleiner Junge hebt ab: »Hallo, hier ist Max, und wer bist du?«

»Ich bin Ferdinand. Ich habe gelesen, ihr sucht einen Opa.«

»Kannst du Drachen bauen und mein Fahrrad reparieren und Fußball spielen … und …«

Der Kleine zählt immer weiter auf.

Seine helle Bubenstimme überschlägt sich beinah und er stiehlt sich mit seiner offenen kindlichen Art in Ferdinands Herz.

Max' Mutter ergreift nun den Hörer, und man vereinbart ein erstes Treffen, an der Kindertagesstätte des Jungen.

Max ist ein kleiner sommersprossiger Wildfang, der ohne Punkt und Komma plappert und von Ferdinand total begeistert ist.

Täglich steht nun der alte Mann an der Tür der Kindertagesstätte und holt Max ab.

Je weiter der Uhrzeiger auf 16 Uhr vorrückt, desto aufgeregter wird Ferdinand. Er ist selbst wie ein kleines Kind und voller Vorfreude auf seinen Schützling.

Max wiederum liebt Ferdinands Geschichten, er hängt an dessen Lippen, wenn er ihm vorliest oder die turbulentesten Geschichten selbst erfindet.

Ferdinand blüht mehr und mehr auf.

Sie basteln zusammen den schönsten Drachen, der jemals zum Himmel hinaufgestiegen ist, backen Pizza für sich und Max' Mutter. Dann essen sie gemeinsam und plaudern, spielen Memory, wobei Max immer gnadenlos gewinnt, stecken Puzzles zusammen und vieles mehr.

Ferdinand geht nun nur noch zusammen mit Max in den Supermarkt und nie mehr aus Einsamkeit oder Langeweile.

Er hat in der Mutter von Max eine Tochter und in dem Jungen einen Enkel gefunden. Das Leben ist nun selbst am trübsten Novembertag voller Licht und Sonne.

So ist das mit schwarzen Brettern, dem Suchen und dem Finden.

WEITERFÜHRENDES:

MITBRINGSEL:

- ➤ Drachen,
- ➤ ein Schwarzes Brett mit verschiedenen Zetteln
- ➤ Brettspiele (diese im Anschluss daran evtl. auch spielen)
- ➤ ein Fußball (damit im Kreis sitzend spielen – Bewegung!)

GESPRÄCHE

über Enkelkinder (wie heißen die Enkel? Haben Sie bereits Urenkel?)
Thema Einsamkeit im Alter und das Gefühl, nicht mehr gebraucht zu werden.
Was kann man dagegen tun?
Kontakt zu Freunden pflegen, sich in Vereinen oder in der Kirchengemeinde engagieren, einem Chor beitreten, Ehrenämter usw. übernehmen oder eben Opa sein wie Ferdinand.

Die dreizehnte Geschichte

# Adventskalender
# und andere Besonderheiten

Irma hat ihn sich noch immer wieder hergeholt.
Jedes Jahr halt. Sie kann gar nicht anders.

Am Abend vor dem 1. Dezember öffnet sie die Schublade unter der Vitrine ihres Wohnzimmerbüffets, und da liegt er, eingeschlagen in ein großes hellblaues Serviettentuch.
Sicher behütet und geborgen hat er wieder ein ganzes Jahr dort geschlummert.
Er knistert so schön, vom silbernen Glitzern ganz zu schweigen.
Sie hängt ihn an einer mittigen Schleife mit einer Reißzwecke über ihren Nachttisch an die Wand.
Das kleine Loch dort ist noch von den Vorjahren vorhanden.
Morgen, morgen ist wieder der 1. Dezember und sie wird zum ersten Mal ein Türchen öffnen, das allererste eben.
Ein Bild einer goldbraunen Brezel ist dahinter versteckt.
Sie kennt jedes Symbol schon lange auswendig, jedes einzelne der 24 Bildchen, und hinter welcher Nummer es jeweils verborgen ist.

Am rechten Flügel des Engels, da ist es dann:
Das Türchen mit der Nummer 8.
Und irgendwann, logischerweise am 8. Dezember, klappt sie es morgens in aller Herrgottsfrühe gleich nach dem Aufstehen auf.
Mit Herzklopfen, immer noch mit diesem sanften, glücklichen Ziehen in ihrer Brust. Zum Vorschein kommt es dann:
Das Lebkuchenherz!
Ein Lebkuchenherz, umrandet mit rosa Zuckerguss, und quer darüber steht in winzig kleiner Schrift: ›Ich liebe dich‹ geschrieben. So klein, in zartem Rot, stehen da diese 3 Worte, und Irma ist mittlerweile immerhin schon 82 Jahre alt. Sie benötigt eine starke Lupe, um diese seligmachenden Worte überhaupt entziffern zu können.
Aber das ist eh egal. Sie weiß, sie stehen dort. Dort, genau unter dem rechten Flügel des Rauschgoldengels hinter dem Türchen mit der Nummer 8.
Es fühlt sich rau an und glitzert, silbriger Pulverstaub ist auf dem ganzen Adventskalender verteilt.
Nicht etwa Geldmangel lässt sie seit Jahren ein und denselben Weihnachtskalender benutzen. Es sind eher sentimentale Gefühle und die Liebe, diese Himmelsmacht.
Die Erinnerung an Carl, ihren geliebten Mann.
Er hatte ihr den Kalender damals vor vielen vielen Jahren geschenkt.
Am 8. Dezember hatten sie sich dort kennengelernt auf dem Weihnachtsmarkt im Dorf.

Bei Glühwein und gebrannten Mandeln.
Heute nun ist es wieder so weit:
Sie öffnet das Türchen.

Liebevoll streicht sie über das winzige Herz, und da spürt sie plötzlich eine warme Hand auf ihrer Schulter und einen sanften Atemstrom, der über ihren Nacken zieht. Noch immer bekommt sie davon eine wohlige Gänsehaut.

Eine vertraute Stimme haucht ihr ins Ohr: »Na, mein Irmelchen, bist wieder am Träumen? Schwelgst wieder in Erinnerungen?«

Langsam dreht sie sich um und schaut in diese wasserblauen Augen, in die sie sich damals so heillos verliebt hat; Augen eben, wie nur ihr Carl sie hat.

Fest, ganz fest legt sie beide Arme um seinen Hals und schmiegt sich mit einem beglückenden, vertrauten Gefühl an seine Brust.

»Weißt du noch damals auf dem Weihnachtsmarkt?«, fragt sie ihn flüsternd.

»Als wäre es gestern gewesen, mein süßes Irmelchen! Komm, Liebste, ich habe bereits Frühstück gemacht.«

Und richtig, da steigt ihr der Duft frisch aufgebrühten Kaffees in die Nase. Hand in Hand schlurfen sie in die Küche, wo der Tisch schon gedeckt ist.

Und heute Abend? Heute Abend, bei Einbruch der Dunkelheit, werden sie wieder über den Weihnachtsmarkt schlendern.

Genau wie damals, als sie so frisch verliebt waren:
Irmelchens Finger in der festen warmen Hand Carls.
Und er?

Er wird an der Bude mit den gebrannten Mandeln, dem Magenbrot und der Zuckerwatte anhalten, den Kopf in die Höhe recken zu all den Lebkuchenherzen und eines suchen, ein ganz bestimmtes, auf dem steht: Ich liebe dich.

WEITERFÜHRENDES:

MITBRINGSEL:

Lebkuchenherzen
einen Adventskalender (nostalgisch)

Einen überdimensionalen Adventskalender basteln
mit einem Engel und dem Türchen Nr. 8, hinter dem
sich ein Lebkuchenherz mit der Aufschrift ›Ich liebe
dich‹ versteckt

Überlegen, welche SYMBOLE – typisch für Weih-
nachten – hinter den anderen Türchen stecken können.
Die Symbole sind im gebastelten Adventskalender
tatsächlich hinter den Türchen verborgen (ich habe
zum einfachen Finden eine Liste darüber und gehe
die Zahlen von 1 bis 24 mit den Bewohnern durch).

1    BREZEL (geschlungenes Gebäck, schmeckt mit
     Butter)
2    STERN (stand über Bethlehem, zeigte den 3
     Weisen den Weg)
3    WALNUSS (muss man knacken)
4    KERZE (aus Wachs, zum Anzünden, leuchtet)
5    GLOCKE (ruft die Menschen in die Kirche)
6    NIKOLAUS (der Mann mit dem weißen Bart,
     dem roten Mantel und dem gefüllten Sack auf
     dem Rücken …
     ›Von draußen vom Walde da komm ich her …‹)

7 ENGEL (hat Flügel, SchutzENGEL, himmlisches Wesen)

8 POSAUNE (Blasinstrument, POSAUNENchor)

9 KIRCHE (dort feiern wir Gottesdienste, Hochzeit, Taufe)

10 SCHLITTEN (Schneefahrzeug)

11 SCHNEEMANN (Wwir bauen ihn im Winter aus Schnee)

12 DAMBEDEI (Hefegebäck als Figur)

13 ORANGE ( Zitrusfrucht, auch Apfelsine genannt)

14 ADVENTSKRANZ (ein Tannenreisigkranz, 4 Kerzen)

15 TANNENBAUM (geschmückt mit Kugeln und Kerzen)

16 CHRISTBAUMKUGEL (rund, hängt am Tannenbaum)

17 MOND (›Gegenteil‹ von Sonne)

18 GESCHENK (zum Auspacken, Bescherung)

19 TANNENZWEIG (ein Teil des Weihnachtsbaumes)

20 PUPPE (Mädchen spielen meist damit)

21 LOKOMOTIVE (der erste Wagen eines Zuges)

22 ZUCKERSSTANGE (süß, weiß-rot, sieht aus wie ein Stock)

23 NIKOLAUSSTIEFEL (den stellt man am 6. Dez. auf)

24 KRIPPE MIT JESUSKIND (Weihnachtsmotiv schlechthin
Jesus lag in einer … KRIPPE

Die vierzehnte Geschichte

# Ist echt schon wieder Silvester?

Alle sind bereit, das alte Jahr zu verabschieden.
Schon wieder ist eines rum, und dabei hat es doch erst angefangen.
12 Monate, 52 Wochen und 365 Tage.

Peter zählt seine Chinaböller und die kleine Mareike ihre Wunderkerzen. Sie mag was Schönes zum Angucken und nicht diese lauten Geschosse.
»Mädchenkram!«, nennt Micha verächtlich diese Sternchen versprühenden Dinger.

Lumpi, der Familienhund, jault und winselt schon mal zur Probe. Jedes Jahr verkriecht er sich ab dem Nachmittag, wenn im Dorf schon die ersten Probefeuerwerkskörper abgeschossen werden, mit eingezogenem Schwanz unter der Eckbank.
Mutter bastelt an der Bowle, und Tante Herta kämpft beim Bäcker Hagelzucker um die schönste Neujahrsbrezel.
Und die bekommt sie auch:
Goldgelb glänzend, riesig, locker, weich und duftend.
Wenn Tante Herta was will, bekommt sie es auch.

Und Vater?
Ja, was macht Vater eigentlich?
Oh, er hat ja diese sonderbare Angewohnheit, im alten Jahr immer noch schnell alles, was liegen geblieben ist, zu erledigen.
Zum Beispiel, den Keller aufzuräumen.
Alle Bilder im Haus müssen gerade hängen.
Jede Schraube, egal, wo auch immer sie sich befindet, festgezogen werden.
Keine Tür, kein Scharnier darf quietschen.
Die Garage muss gefegt und aufgeräumt sein, der Wagen innen und außen blitzen.

Vater ist am 31. Dezember immer sehr umtriebig.

Der kleine Philipp, das Nesthäkchen der Familie, geht ihm zur Hand und sagt:

»Papa, lass dir Zeit, du hast noch viel davon.«

»Nein, Kleiner, es ist schon halb vier!«

»Ja, aber das macht nichts, Papa, wir haben noch massig Zeit. Ganz, ganz viel davon!«

Phillip tut so geheimnisvoll.

Der Vater wuschelt durch des Jungen Blondhaar und schüttelt lächelnd den Kopf: »Hääähhh ...?«

Er stutzt etwas, aber am Ende ist er doch zu beschäftigt, um sich über die sonderbaren Äußerungen seines Jüngsten weiter Gedanken zu machen.

Nun, alle sind irgendwie, irgendwo am Schaffen, Gruschteln und Werkeln.

Man isst schließlich zu Abend, schaut sich im TV ein wenig das Silvesterprogramm mit alten Schlagern und Tanz an. Man streitet sich darüber, ob Bleigießen sinnvoll sei. Mutter serviert ihre Bowle, und Tante Herta wird überschwänglich für ihre wundervolle Neujahrsbrezel gelobt.

Es wird 23 Uhr, es wird 23 Uhr 30, es wird 23 Uhr 50.

Vater hat die Feuerwerkskörper vorgerichtet und Mutter den Sekt zum Anstoßen. Philipp, der am späten Nachmittag zwei Stunden vorgeschlafen hat, ist ganz aufgedreht und springt immerzu im Kreis herum.

Als sein Vater um 23 Uhr 55 die erste Rakete anzünden will, ruft er: »Nein, nein, nein, habt ihr es denn alle vergessen?«

»Was???«, fragt die ganze Familie wie aus einem Munde.

»Wir haben doch noch sooo viel Zeit!«

»Wieso das denn?«

»Aber ja, es ist doch vom Umschalten noch ein voller Tag übrig. Ihr seid alle zu früh dran!«
Er steht aufrecht und mit stolzgeschwellter Brust da.
Alle schauen ihn ungläubig an.

»Vom Umschalten?«, fragt Micha ungeduldig und leicht gereizt, denn er will doch punkt 0.00 Uhr die ganzen lauten Chinaböller loslassen.

»Ja, habt ihr es denn alle vergessen, ihr und das ganze Dorf?«

»Wir haben 2016, Junge, aber nicht mehr lange, nur noch genau 3 Minuten und wenige Sekunden«, sagt sein Vater und kramt das Feuerzeug aus der Hosentasche.

»Nein, Papa, wir haben noch genau 24 Stunden.«

»Wieso das denn?«

»Weil 2016 ein Schaltjahr ist. Den 366. Tag haben wir noch nicht verbraucht!«

»Oh, Junge, was redest du da? Du Dummerle, der war doch am 29. Februar!«

»Ehrlich?«

»Ehrlich!«

Und da jetzt auch Philipp begriff, dass das Jahr 2016 echt und ehrlich und ganz und gar abgeschlossen war, nahm er eine Handvoll Knallerbsen und pfefferte sie mit lautem Lachen auf den Boden.

Doch es war so wunderschön gewesen zu glauben, noch einen Tag gutzuhaben.

Solange wir leben, haben wir immer noch einen Tag gut, und noch einen, und noch einen:

Zum Lachen, zum Weinen, zum Arbeiten, zum Wachen, zum Schlafen, zum Reden, zum Schweigen, zum Träumen, zum Lieben und Leben.

Immer ist für alles noch ein Tag übrige Zeit.

WEITERFÜHRENDES:

MITBRINGSEL:

> Sternregen und Knallfrösche
> ein Kalenderblatt vom Februar mit der 29 darauf
> eine große Neujahrsbrezel zum Verkosten
> Bleigießausrüstung
> Glückssymbole wie ein Glückskleetopf mit eingestecktem
  Schornsteinfeger, Marzipanschweinchen
> Sektkorken, Sekt

GESPRÄCHE:

Ist jemand ausgerechnet am 29. Februar geboren?
Wann feiern Sie dann Ihren Geburtstag?
In welchen Abständen gibt es Schaltjahre? Alle vier Jahre.
Wie feierten Sie Silvester?
Begriffe, die mit der Jahreswende zu tun haben, im Gespräch zusammentragen:
Neujahr, Prosit Neujahr, Silvester, einen Guten Rutsch wünschen, Feuerwerk,
Glückssymbole: Schwein, Schornsteinfeger, vierblättriges Kleeblatt.
Über die ›Guten Vorsätze‹ sprechen, welche sich die Menschen mitunter am Silvesterabend vornehmen (abnehmen, das Rauchen aufgeben, mehr sparen …)

Die fünfzehnte Geschichte

# Frühlingsglaube

Regenverhangen und düster war es all die letzten Tage und Wochen gewesen.
Graupelschauer, eisiger Wind und Schneeverwehungen.
Das Schmuddelwetter schien kein Ende zu finden.
Oma Hilda hatte den ganzen Winter über mit einer hartnäckigen Erkältung zu kämpfen gehabt. Der

Schnupfen wollte nicht aufhören und der Husten nicht verschwinden.

All die althergebrachten Hausmittelchen, die sie bisher angewendet hatte, brachten nicht die erwünschte Wirkung.

Sie hatte wirklich alles probiert:

Inhalieren, Zwiebelumschläge, einen schwarzen Rettich hatte sie ausgehöhlt und mit braunem Kandis gefüllt stehen lassen, bis sich eine sirupartige Flüssigkeit bildete. Diese sollte angeblich schleimlösend sein. Die Brust rieb sie sich regelmäßig bis hoch zum Hals mit Erkältungsbalsam ein, schlüpfte mit einer prall gefüllten Wärmflasche ins Bett.

Dann, als sie auch noch Fieber bekam, machte sie sich Wadenwickel.

Oma Hilda trank eimerweise Kräuter- und Salbeitee, lutschte Blockmalz, Fenchel- und scharfe Eukalyptusbonbons, schüttete Hustensaft aus Efeublätterextrakt oder aus Spitzwegerich in sich hinein und und und …

Ihr ganzes Schlafzimmer roch nach Menthol, Campher, Pfefferminze, Eukalyptus und Millionen von Bazillen.

Sie hatte das mittlerweile alles so satt.

So satt wie das Einsamsein, seit Opa Fred vor drei Jahren gestorben war.

Sie hatten eine gute Ehe geführt, und nun war sie doch sehr allein.

Ihre einzige Tochter wohnte weit weg und hatte ihr eigenes Leben, das sie führen musste. Sie sahen sich nur sehr selten.

Aber heute Morgen war plötzlich alles anders.

Durch die bunt gemusterten Übergardinen, die über den Winter etwas ergrauten Tüllvorhänge, ja, sogar durch die herabgelassenen Jalousien bahnte sich heute Morgen zaghaft und doch kraftvoll die Frühlingssonne.

Einzelne machtvolle Strahlen kitzelten Oma Hildas Nase und blendeten, selbst durch die im Halbschlaf noch geschlossenen Lider, ihre Augen so sehr, dass sie endlich blinzelnd erwachte.

Ein sonderbares Gefühl machte sich in ihrer sonst so engen Brust breit.

Sie hielt es plötzlich nicht mehr aus in ihrem Bett.

Mit neuem, ungeahntem Schwung schlug sie die dicke Daunendecke zurück, so dass dabei die über Nacht erkaltete Wärmflasche auf den Boden klatschte. Ihre Beine schwang sie über die Bettkante, und ganz auf ihre warmen Puschen verzichtend eilte sie zum Fenster, zum Licht, zur Sonne, zum Leben!

Voller Eifer und in Windeseile begann sie, die Übergardinen, die Tüllvorhänge und Jalousien zu öffnen.

Sonne, Sonne, Sonne, welche Wonne!

Helles Morgenlicht flutete ihr kleines Heim und alles war plötzlich in gleißende Helligkeit getaucht:

Ihr Zimmer und ihr Herz.

Sie riss mit neuer Kraft beide Flügel des Fensters sperrangelweit auf.

Oh, wie es quietschte und sich beklagte, hatte sie es doch so abrupt aus seinem eben noch gehaltenen Winterschlaf gerissen.

Und nun sprang und wirbelte sie durch ihr Zimmer wie ein ganz junges Mädchen, ihr Haar hatte sich aus dem gewickelten Dutt befreit und flog und flatterte in ihr runzliges Gesicht.

Auch wenn es dazu wirklich noch zu früh war, summte und trällerte sie: »Wenn der weiße Flieder wieder blüht …«

Frühling war's und sie wedelte mit den Armen, wedelte all den abgestandenen Winter- und Bazillenmief aus dem Zimmer:

Eukalyptus, Menthol, den Campher und vor allem diesen grässlichen Zwiebelumschlaggestank, ach, einfach alles!

»Hallo, Oma Hilda, huhu, hier bin ich!«, rief da eine fröhliche Stimme.

Sie gehörte Lilli, dem Nachbarsmädchen. Lilli sprang im Garten herum und jubelte weiter: »Oma Hilda, schau nur, schau nur, die Schneeglöckchen blühen!«

Und wie die Schneeglöckchen blühten, so blühte auch Oma Hildas Herz wieder auf. Wenn man ganz genau hingehört hätte, hätte man es leise klingen und immer heller schellen hören können.

Vergessen waren Krankheit, Einsamkeit, Kummer und Schmerz.

WEITERFÜHRENDES:

MITBRINGSEL:

- ➤ alte Apothekerflaschen mit Aufschrift (Menthol / Campher)
- ➤ Erkältungsbalsam
- ➤ Hustensirup
- ➤ einen schwarzen Rettich, mit Kandis gefüllt
- ➤ Eukalyptusbonbons, Bayerisch Blockmalz, Fenchel-Honig-Bonbons
- ➤ eine Wärmflasche
- ➤ ein Schal
- ➤ eine alte Waschschüssel und Handtücher (Wadenwickel)
- ➤ Fieberthermometer
- ➤ im Frühling echte Schneeglöckchen in einer hübschen Vase,
  ansonsten ein Bild davon

Über HAUSMITTELCHEN sprechen:

Evtl. einen alten medizinischen Ratgeber mitbringen
und daraus vorlesen
Welche kennen die Bewohner noch? Welche halfen
ihnen?

LIEDER:

Frühlingslieder singen:
Den Schlager: »Wenn der weiße Flieder wieder blüht
…« spielen
Schunkeln, allgemeine Bewegungseinheiten, um
munter zu werden und den Winter abzuschütteln
»Winter ade, scheiden tut weh …«
»Hei, so treiben wir den Winter aus …«
»Im Märzen der Bauer …«
»Nun will der Lenz uns grüßen …« etc.)

Frühlingsblumen aufzählen:
Narzissen, Osterglocken, Schneeglöckchen, Krokusse
…
(in Töpfchen mitbringen / oder eine kleine Vase mit
Schneeglöckchen etc.)

Die sechzehnte Geschichte

# Der Sandkuchen

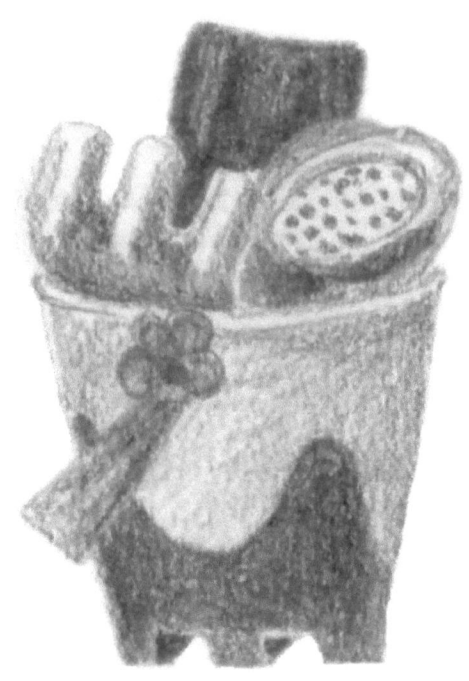

Das Rührgerät macht einen Heidenlärm.

Auf höchster Stufe eingestellt drehen sich die Rührhaken in Windeseile und zaubern aus Eiern, Butter und Zucker einen einheitlichen gelben Brei.

Anton liebt es, wenn Oma von ihrer Backwut gepackt wird.

Seine Stupsnase hängt dann über der Schüssel, und wenn sie den Vanillinzucker zugibt, macht er einen tiefen Atemzug, um dieses feine Aroma zu genießen.

Heute will Oma Olga einen einfachen Sandkuchen backen.

Großtante Klothilde kommt zu Besuch, sie bevorzugt einfache, sparsame Rezepturen.

Anton findet ihren Namen schrecklich; er findet sie schrecklich. Ihre schrille Stimme fürchterlich, ihre grauen Kostüme abscheulich, dazu ihre hässliche Hornbrille und vor allem die Art, wie sie ihn immer beim Kinn packt, sein Gesicht anhebt und ihn von oben herab mustert.

Sie sagt nur ein Wort, sie sagt nur: » NAAAA?!!!«

Mit 100 Frage- und Ausrufezeichen dahinter.

Er hasst dieses »Naaaa?!!!«, weil es alles bedeuten kann, nur nichts Nettes. Die Großtante ist ein durch und durch misstrauischer Mensch, und in jedem kleinen Jungen sieht sie vermutlich einen unverbesserlichen Tunichtgut und schrecklichen Taugenichts.

Kurzum, Klothilde hat es gar nicht verdient, dass Oma ihr einen Kuchen backt.

Aber helfen will er dennoch.

Oma gibt ihm eine Kaffeefiltertüte und ein Schälchen mit Margarine. Mit deren Hilfe fettet er nun die Gugelhupfform ein.

»Rosinen?«, fragt Oma, und schlenkert eine knisternde Tüte mit braunen verhutzelten Trauben vor seinem Gesicht hin und her.

Anton rümpft die Nase und zieht sie kraus. Er schüttelt den Kopf. Nun gut, also keine Rosinen.

Obwohl, Klothilde hätte er zugetraut, dass sie welche mag.

In das fleißige Backen hinein schrillt plötzlich das Telefon, Oma Olga reibt sich die Hände an ihrer Schürze ab und stiefelt ins Wohnzimmer, wo der Apparat steht.

Klothilde ruft an. Weiß der Kuckuck, was sie will und schon wieder auszusetzen hat.

Jedenfalls hört Anton bis in die Küche hinein ihr Gezetere und Gekeife:

»Ja, aber ich habe schon immer gesagt … das hätte man sich ja denken können … was ist von denen schon anderes zu erwarten …?«

Sie zieht wieder über Gott und die Welt her.

Die Nachbarn, die die Kehrwoche nicht rechtzeitig machen, der Postler, der jeden Tag viel zu spät kommt, die Kassiererin, die angeblich zu langsam ist und mit den Kunden tratscht.

Anton schaut sich derweil noch einmal das Rezept im Backbuch an. Er liest flüsternd:

»S A N D K U C H EN«

Zutaten: 250 g Butter oder Margarine
4 Eier, 200 g Zucker etc.

Seine Augen wandern zurück zu dem Wort Sandkuchen und er lässt es sich ganz langsam auf der Zunge zergehen.

Auf einmal springt er wie von der Tarantel gestochen auf und rennt in den Garten.

Er schnappt sich ein Plastikförmchen und füllt es mit Sand aus dem Sandkasten, den Oma eigens für ihren Enkel angelegt hat. Flugs hastet er zurück in die Küche.

Oma ist immer noch am Telefonieren. Viel zu sagen hat sie nicht, denn bei Klothilde kommt man einfach nicht zu Wort.

Anton hält das Sandförmchen über der Rührschüssel und neigt es bedrohlich, langsam schiebt sich der feine Sand an den oberen Rand des Förmchens.

»Was soll denn das werden?«, fragt Oma, die augenscheinlich ihr Telefonat beendet hat und wieder in der Küche erschienen ist.

Anton erschrickt, und um ein Haar wäre der Sand in die Rührteigschüssel gerieselt.

»Wieso, es ist doch SANDkuchen!«, sagt Anton trotzig.

Oma schaut ihn ungläubig an und legt den Kopf schief.

»Sandkuchen!«, lacht sie. »Ja, freilich!«

Anton lacht jetzt auch, und sie hören gar nicht mehr damit auf bis ihnen der Bauch weh tut, bis sie Tränen in den Augen haben.

»Aber es wäre schon lustig gewesen, wenn der Sand so schön zwischen den Zähnen von Klothilde geknirscht hätte, und stell dir bloß ihr Gesicht dabei vor!«

Wieder prustet Oma los und meint:

»Dann hätte sie ausnahmsweise nicht nur Haare auf den Zähnen, sondern zur Abwechslung auch mal Sand dazwischen.«


WEITERFÜHRENDES:

MITBRINGSEL:

ein altes Backbuch
Rührgerät
Schüssel
Teigschaber
Backpinsel
Vanillinzucker
Sandelförmchen mit Sand

GESPRÄCHE:

Welche Sorten Kuchen gibt es sonst noch?
Welche mögen Sie?
Welche backen Sie gerne?
Typische Kuchen aufzählen (die fettgedruckten Begriffe erraten die BW)
Schwarzwälder … Kirschtorte
Frankfurter … Kranz
Reh…rücken

Christ...stollen
Donau...wellen
Marmor...kuchen
Käse...kuchen
Biskuit...rolle
Gugel...hupf
Schnecken...nudeln
Sacher...torte
etc.


WORTSAMMLUNG zum Thema KUCHEN:

(Begriffe nach Belieben umschreiben, um den Bewohnern beim Raten zu helfen)

Backform, Springform, Blechkuchen, Teigschaber, Hefeteig, Ofenrohr, Kuchengabel, Kuvertüre, Tortenguss, Schlagsahne, Brandteig usw.


ANDERE ANREGUNGEN:

Mit den BW zusammen verschiedene Kuchen backen (riechen, fühlen, schmecken, Resourcen nutzen, BW schnippeln Obst, messen Zutaten ab, erzählen von ihren Lieblingsrezepten ...)

Die siebzehnte Geschichte (ein Gedicht)

# Der Frühjahrsputz

Hinweg muss Dreck und Schmutz!
All die Netze von Spinnen
wedle ich von hinnen.
Ich will es heute wissen
und schüttle alle … KISSEN.

Die größten Brocken Dreck,
ich putz sie alle … WEG.

Heute stopfe ich ein Dutzend liederliche Socken.
Jag mit dem Schrubber alle FLOCKEN,
wo immer sie auch hocken.

In jedweden Ritzen und Ecken,
wo immer sie sich auch VERSTECKEN,
erst feucht, dann trocken.

Mich kann jetzt nichts mehr SCHOCKEN.
Ich schrubb die Treppen rauf und runter,
bin irgendwie so MUNTER.

Die Fenster müssen jetzt dran glauben,
muss ich auch schnaufen und SCHNAUBEN.

Ich bügle bis zum allerletzten Atemzug
jeden verknitterten BETTBEZUG.

Im Schrank werde ich die Motten
mit Lavendelsäckchen AUSROTTEN.

Nichts bleibt mir heute verborgen.
Ich werde dafür SORGEN,
dass am Ende alles blink und blank
in Schubladen, Truhen
und auch im SCHRANK.

Oh, Mann, jetzt steck ich fest!
Die Kühlschrankwand gibt mir den REST.
Wenn ihr mich hier hinten
VERGESST und BELASST,
bis ich verhungert und VERBLASST,
dann ist das auch nicht weiter tragisch:

Der Staub, er zog mich an,
es war MAGISCH!

WEITERFÜHRENDES:

MITBRINGSEL:

Alles, was mit dem Frühjahrsputz zusammenhängt, die BW schnuppern und befühlen Kernseife, ich streiche sanft mit einer Wurzelbürste und zum Kontrast dazu mit einem weichen Staubtuch über ihre Handrücken.
Ich bringe knallpinke Haushaltshandschuhe aus Latex mit (ein eyecatcher)
einen Schrubber, Kehrschaufel und Handfeger, Besen, Blocker, Eimer, Putzlappen …
Die BW erzählen vom Frühjahrsputz, Gespräche kommen ganz automatisch in Gang.

Lied und Bewegung:

Zeigt her eure Füße, zeigt her eure Schuh,
und sehet den fleißigen Waschfrauen zu!
Sie waschen, sie waschen,
sie waschen den ganzen Tag.
Sie waschen, sie waschen,
sie waschen den ganzen Tag.
(Füße abwechselnd vorstrecken und beim Waschen die Fäuste aneinanderreiben)

Zeigt her eure Füße, zeigt her eure Schuh,
und sehet den fleißigen Waschfrauen zu!
Sie wringen, sie wringen,
sie wringen den ganzen Tag.
Sie wringen, sie wringen,
sie wringen den ganzen Tag.

Zeigt her eure Füße, zeigt her eure Schuh,
und sehet den fleißigen Waschfrauen zu.
Sie hängen, sie hängen,
sie hängen den ganzen Tag.
Sie hängen, sie hängen,
sie hängen den ganzen Tag.

Zeigt her eure Füße, zeigt her eure Schuh,
und sehet den fleißigen Waschfrauen zu.
Sie bügeln, sie bügeln,
sie bügeln den ganzen Tag.
Sie bügeln, sie bügeln,
sie bügeln den ganzen Tag.

Wir tun so, als würden wir Wäsche auswringen, auf-
hängen, bügeln usw.
Das Lied singen und in Bewegung umsetzen.

Die achtzehnte Geschichte

# Das Gutsele

Das schwäbische Wort ›Gutsele‹ kommt dann wohl von ›gut‹ und bezeichnet ein Bonbon.
Gutsele sind aber gar nicht immer gut, zumindest nicht in jeder Situation und überall.
Und auch nicht in jedermanns Mund.
Jedermann ist hier auch kein Mann, sondern eine Frau.

Ihre Absicht mag durchaus redlich sein, aber das ändert nichts an den daraus resultierenden Folgen.

Es ist ein Novembernachmittag, und im Hause Waldesruh hält man Gottesdienst.

Beim Haus Waldesruh handelt es sich um ein am Stadtrand gelegenes Mehrgenerationenheim.

Zu den Gottesdiensten werden regelmäßig auch Angehörige von Bewohnern eingeladen.

Die Gutselesfrau ist eine solche.

Zur Zeit, und wie jedes Jahr, sind vermehrt Erkältungsviren im Umlauf.

Frau Toupet hat anscheinend gleich »Hier« geschrien und sich welche eingefangen. Die machen sich nun in ihrem Hals breit und treiben dort ihr Unwesen.

Sie kommt sich wohl so vor, als habe sie einen Stacheldrahtzaun geschluckt; zumindest hört sie sich so an.

Es kratzt und zwickt, ihre Stimmbänder verabschieden sich und zwischen zwei Hustern dringt nur noch ein heiseres Gekrächze aus ihrem Mund. Sie versucht, jeden zu begrüßen und tut überhaupt sehr wichtig.

Frau Toupet – das muss freilich auch erwähnt werden – heißt in Wirklichkeit gar nicht Frau Toupet.

Ich habe sie nur so getauft, weil mir ihr echter Name nicht bekannt ist.

Und weil sie so eine abscheuliche Perücke trägt, dass sie, selbst wenn ich ihren wahrhaftigen Namen wüsste, dennoch und dann erst recht, Frau Toupet hieße:

Straßenköterbraun, die Kunsthaare sehen aus wie

eine bizarre Zusammenkunft aus Lametta und einem nylonfaserigen Kartoffelnetz.

Tonnen von Haarspray scheinen die Perücke wie mit Kleister zusammenzuhalten.

Aber all das wäre nicht weiter schlimm.

Der Pfarrer beginnt die Predigt, er liest verschiedene Kapitel aus der Bibel vor, und alle Anwesenden lauschen andächtig. Ich sitze links hinter Frau Toupet und versuche krampfhaft, mich auf die Worte des Geistlichen zu konzentrieren.

Aber das gelingt mir nicht immer.

Die Dame mit dem Husten ist gerade dabei, umständlich ein Eukalyptusbonbon aus grünem Raschelpapier auszuwickeln. Als es ihr endlich gelingt, öffnet sie den Mund und zieht es mit einem lauten Schlürfen auf ihre Zunge. Ihre Backentaschen stülpen sich abwechselnd nach außen, sie schiebt den Bonbon hin und her, ich muss an einen Hamster denken.

Ich beobachte sie aus den Augenwinkeln, bin dabei wie gebannt, kann nirgendwo anders hinsehen oder – hören.

Nun beginnt sie mit einer unglaublichen Hingabe, das Gutsele zu schlotzen. Ihre schmalen Lippen öffnen und schließen sich unaufhörlich, und jedes Mal entweicht ihnen ein lauter Schmatzer.

Ich fixiere sie, denke:

»Mein Gott, das muss sie doch selbst hören!«

Meine Blicke bemerkend, dreht sie den Kopf langsam zu mir und lächelt mich an.

Ich wage nichts zu sagen. Sie nickt, schmatzt, schlürft, zuckt mit dem Kopf und das Toupet wackelt mit. Es kommt mir so vor, als rutsche es ihr dabei immer weiter in die Stirn hinein.

Ein absolut grotesker Anblick ist das.

Ihr rechter Sitznachbar, ein Mann in mittleren Jahren, der sie um zwei Köpfe überragt, beäugt sie missbilligend von oben herab und zieht die Stirne kraus.

Unsere Blicke treffen sich. Ohne Worte verstehen wir einander, und ein hilfloses Grinsen macht sich in unseren Gesichtern breit. Ratlos zucke ich mit den Schultern.

Fremdschämen ist so eine blöde Sache!


Schon sonderbar: Da möchte jemand die Gemeinschaft vor einer lauten Hustenattacke schützen, steckt sich zu diesem Zweck ein Bonbon in den Mund und erreicht das Gegenteil:

Er nervt unglaublich.

Mir rollt es inzwischen die Zehennägel hoch, ich werde immer hibbeliger, denn ich kann dieses schreckliche Schmatzen einfach nicht mehr ertragen. Von der Predigt bekomme ich sowieso nichts mit, und dann dreht sich Frau Toupet auch noch zum wiederholten Male zu mir herum und bietet mir eins ihrer bescheuerten Gutsele an.

Ich winke beidhändig ab, schüttle dankend den Kopf und verfluche innerlich meine gute Kinderstube und meinen Anstand, der mir vor allem in der Kirche verbietet, aufzuspringen, auf sie loszugehen und zu sie anzubrüllen:

»Entweder ausspucken, oder schlucken! Aber hören Sie um Gottes Willen mit der grausigen Schmatzerei auf!«

In der Kirche jedoch wird Frieden gepredigt, dort darf man nicht fluchen oder gar handgreiflich werden.

Der Pfarrer segnet zum Schluss alle, all inclusive quasi, die Gutselesschmatzerin eingeschlossen, und meint anscheinend völlig aus dem Kontext der bisherigen Predigt heraus:

»Liebet eure Feinde.«

Ich habe das Gefühl, er schaut mich dabei ganz direkt an.

Ob er doch was mitbekommen hat?

WEITERFÜHRENDES:

MITBRINGSEL:

Verschiedene Bonbonsorten mitbringen,
Bonbonsorten aufzählen:
Anisbonbons, Englische Drops, Blockmalz, Zitronen-
bonbons, Eukalyptusbonbons, Sahnekaramellen etc.

GESPRÄCHE:

Was nervt Sie am meisten???

- Zähneknirschen
- Schmatzen
- mit Tüten rascheln
- tropfende Wasserhähne
- quietschende Türen
- quengelnde Kinder
- Straßenlärm
- hupende Autos
- wenn jemand die Nase hochzieht
- Bohrmaschinengeräusche
- Hundegebell
- Wenn einer vor uns sitzt, der viel zu groß ist,
  und wir im Kino
  oder Theater nichts sehen können
- usw.

- ➢ Kennen Sie das, wenn Sie sich fremdschämen?
- ➢ Was hätten Sie in der Situation gemacht? Die Frau darauf angesprochen? Oder doch nicht?

Die neunzehnte Geschichte

# Der Schmunzelstein

Wer zuletzt lacht, lacht am besten.
Im Park spazierengehend hörte ich plötzlich ein eigen-
artiges Lachen, Grummeln, Prusten und Flüstern.
Aber ich konnte weit und breit keine Menschenseele
erkennen.

Bis ich über einen runden Stein stolperte. Mir war, als habe er ein Gesicht. Vorsichtig las ich ihn zwischen den Grasbüscheln heraus und betrachtete ihn näher.

Ich glaubte zu träumen, als sich sein Grinsemund plötzlich öffnete und er doch wahrhaftig zu mir sprach:

»Hallo, ich bin Balduin, der Schmunzelstein!«

Vor Schreck wäre er mir beinahe aus dem Handteller gefallen.

Er erzählte aber unbekümmert weiter, und mit jedem Wort, das er sprach, fühlte er sich in meiner Hand angenehmer und wärmer an als noch zuvor.

»Wie heißt du denn?«

»Maa… Maarlies …«, stotterte ich, das gab's doch nicht; da stand ich nun tatsächlich mitten am Tag im Park und sprach mit einem Stein. Ich musste völlig verrückt geworden sein …!

»Oh, Marlies, das klingt fein.«

»Soll ich dir meine Geschichte erzählen?«, fragte der Stein weiter.

»J…jaaa…«, sagte ich zögernd und noch immer an meinem eigenen Verstand zweifelnd.

Und nun begann er zu berichten:

»Gestern lag ich noch in einem riesigen Sack zusammen mit lauter Würfelsteinen. Die Männer wollen einen Weg daraus pflastern, einen neuen Weg durch den Park.

Stell dir vor, die Steine lachten mich aus, nur weil ich rund bin und anders aussehe als sie und nicht zu ihnen passe, so kugelrund, wie ich nun einmal bin.

Ihre schroffen Worte verletzten mich sehr und ich begann zu weinen.

Ja, schau nicht so ungläubig, manche Worte machen sogar Steine weinen!

Doch mit einem Male wurde mir klar, dass ich durch meine runde Form in der Lage bin zu rollen.

An einer Ecke des Sackes war ein Loch. Ich nahm etwas Anlauf und kullerte dorthin, schwuppdiwupp hatte ich mich aus meinem Gefängnis befreit und purzelte immer weiter rollend und hüpfend einen Abhang hinab.

Während die anderen quadratischen Steine noch lachten und lästerten, lag ich schon hier, wo du mich nun aufgefunden hast.

Wer zuletzt lacht, lacht am besten!

Morgen liegen alle diese Würfelsteine aneinandergereiht als Fußweg im Park, und die Menschen werden über sie hinwegspazieren. Sie mit Füßen treten.

Aber ich? Ich bin der kugelrunde Schmunzelstein und rolle durch die Welt, bringe kleine Mädchen namens Marlies zum Staunen, bringe den Menschen Lachen und Glück.«

»Hopp!«, sagte der Schmunzelstein noch, und schwuppdiwupp sprang er aus meiner Handmulde heraus und kullerte davon. Ich habe ihn nie mehr wiedergesehen, und ich weiß auch nicht, ob ich das alles nur geträumt habe. Allerdings gab es in dem

Park wirklich einen großen Sack mit einem ausge-
fransten Loch in der Ecke. Darin befanden sich
Würfelsteine, und bald darauf gab es auch einen
neuen gepflasterten Weg.

WEITERFÜHRENDES:

Ein kleines Gedicht

Ich bin dein Schmunzelstein,
gehör dir allein,
bring dich zum Lachen,
wenn Dinge dich traurig machen.
Von weit her bin ich zu dir gerollt,
weil dein Freund ich sein wollt,
nimm mich in deine Hand,
bin nichts Besonderes
oder gar elegant,
aber komm
und streichle mich,
ich tröste dich,
sprich mit mir,
denn ich bin hier
bei dir
*Christine Geiger*


Wir fertigen runde flache Schmunzelsteine aus Salzteig
an.
Der Salzteig wird mit Speisefarben eingefärbt, so
dass bunte Schmunzelsteine entstehen.
Mit Hilfe von Streichhölzern oder anderem wird ein
Gesicht hineingedrückt.

Evtl. eine Vorder- und Rückseite, ein lachendes auf der einen Seite und ein trauriges Gesicht mit herabgezogenen Mundwinkeln auf der anderen Seite arbeiten. Diese Steine kann ich verteilen, verschenken, herumreichen oder sie zu Gesprächen oder zum Vorlesen von Geschichten mitnehmen, sie als Handschmeichler den Bewohnern überlassen.


GESPRÄCHE:


In Geschichten und Märchen liegen Weisheiten und Wahrheiten verborgen:
»Wer zuletzt lacht, lacht am besten.«
»Hochmut kommt vor dem Fall.«
(Die Würfelsteine meinten, etwas Besseres zu sein und sich über den runden Stein lustig machen zu können.)

Die zwanzigste Geschichte

# Das Poesiealbum

Georg wagt es nicht zu glauben:
Elfie, seine Flamme, hat ihm, Georg, doch tatsächlich
ihr unschätzbar wertvolles Poesiealbum überlassen,
um sich darin zu verewigen!
Ein rosarotes quadratisches Büchlein; in der rechten
unteren Ecke steht in geschwungener Schreibschrift
und goldenen Lettern das Wort: POESIE.
Andächtig nimmt er es in die Hand und fängt an,
darin zu blättern.
Viele seiner Mitschüler und auch Elfies Familie haben

sich bereits darin verewigt. Manche in schiefer, krakeliger Schrift.

Zum Beispiel Detlef, von dem der Lehrer immer sagt, er habe eine Saukralle.

»Ein Seehund lag am Strand, wusch seine Schnauz im weißen Sand, wie diese Seehundschnauze so rein soll unsre Freundschaft sein«.

Rosen, Tulpen, Nelken, alle Blumen welken, nur die eine welket nicht, und die heißt Vergissmein (mich) nicht.

Diese und andere Sprüche standen da geschrieben.

Walter hat einen dicken Tintenklecks hinterlassen, der olle Schlamper. Ein Eselsohr hat er in Elfies Album gemacht.

Georg klappt es auf, und da steht in klitzekleinen Buchstaben:

»Das Datum kann ich nicht wissen, mein Hündchen hat den Kalender zerrissen!«

»So ein Schwachsinn!«, denkt Georg.

Wenn er ehrlich zu sich selbst ist, regt ihn jeder Eintrag nur deshalb so auf, weil er selbst keinen blassen Schimmer hat, was er denn nun schreiben soll.

Vor allem hat er Bedenken, dass Elfie etwas herauslesen könnte.

Dass sie merkt, welche zarten Gefühle sich in Georgs Brust für sie regen. Oh, das wäre zu peinlich!

Nein, irgendetwas Unverfängliches muss es sein und doch etwas Besonderes.

Gedankenverloren ist er beim Blättern bis ans Ende des Albums gekommen.

Da hat Kalle, der blöde Angeber, seine Duftmarke hinterlassen:

»Wer dich lieber hat als ich, der schreibe bitte hinter mich.«

So ein dummer Kerl, was der sich einbildet!

Georg spürt den Stachel der Eifersucht und wie er sich in seine Seele bohrt.

Was soll er dem entgegensetzen?

Hinter Kalles Text gibt es keine Seite mehr.

Davor schon.

Aber ist er, Georg, etwa einer, der es nötig hat, auf die vorletzte Seite zu schreiben? Nie und nimmer!

Soll er die letzte einfach rausreißen? Das hätte ihm Elfie aber sicherlich sehr übel genommen. Genau so übel wie sein plötzlicher Einfall, ein Blatt Papier zuzuschneiden und hinter der letzten Seite anzuheften. Um seinerseits das Verslein

»Wer dich lieber hat als ich, der schreibe bitte hinter mich« dort zu platzieren.

Oh nein, das wäre ja zu eindeutig, ein wahres Liebesgeständnis!

Georg bekam schon vom Drandenken rote Ohren.

Ganz abgesehen davon, dass Elfie es auch nicht lustig fände. Da ginge der Schuss ganz gehörig nach hinten los.

Nein, er musste sich etwas ausdenken. Während er sich sein armes Hirn zermarterte, klappte er das Album immer wieder auf und zu.

Eingangs stand in Elfies süßer, verschnörkelter Schrift:

Liebe Leute groß und klein, haltet mir mein Album rein, reißt mir keine Blätter raus, sonst ist es mit der Freundschaft aus!

Da hat er es wieder!
»Georg, benimm dich!«, sagt er zu sich selbst.
Elfie ... Elfie, den Namen hat sie nur, weil sie einer Elfe gleicht.
Irgendwo sind an ihrem Rücken sicherlich kleine Flügel angebracht, schwärmt Georg vor sich hin.
Guter Rat ist teuer.
Er kann sehr gut zeichnen, das ist ein Pluspunkt.
Am liebsten hätte er Elfie gemalt mit ihren weizenblonden Zöpfen und ihrem hellblauen Kleid mit dem zarten Spitzenkragen und den schneeweißen durchbrochenen Häkelkniestrümpfen, die ihre braunen strammen Waden mehr zur Geltung bringen, als dass die sie verstecken. Er will sie zeichnen, wie sie während der großen Pausen an dem Mäuerchen lehnt und ihr bezauberndes Lachen glockenhell über den Schulhof klingt, aber das wäre zu offensichtlich.

Sie würde vielleicht Verdacht schöpfen, und nichts wäre ihm peinlicher, als wenn sie geahnt hätte, dass er total verschossen in sie ist.
Zuletzt entschließt er sich dazu, ein Pferd zu malen, einen schwarzen Rappen, denn er weiß, dass sie Pferde liebt und jede freie Minute im Reitstall verbringt, um dort die Tiere zu pflegen und auf ihnen auszureiten.

BLIZZARD ist ihr absoluter Liebling, und den möchte Georg in ihr Album zeichnen. Er nimmt einen weichen Bleistift und beginnt, damit den Hengst aus dem Gedächtnis heraus zu malen.

»Das Glück der Erde liegt auf dem Rücken der Pferde« könnte er dazu schreiben oder Ähnliches.
Das wäre unverfänglich und neutral.
Während er so zeichnet, stellt er sich Elfie hoch zu Ross vor. Die Zügel elegant in Händen haltend ruft sie: »Hüühhhjjaaa!«, und der leichte Druck ihrer Schenkel bringt das Pferd dazu, sich zu bewegen.
Erst im Schritt, dann im Trab, und dann im Galopp.
Georg möchte Blizzard originalgetreu wiedergeben und entschließt sich kurzerhand, zum Reitstall zu gehen, damit der Hengst ihm dort Motiv steht.
Ganz versunken ist er in seine Arbeit, als er plötzlich Elfies Stimme hört, wie sie den Stallburschen freundlich begrüßt.
Georg erschrickt so sehr, dass ihm beinahe ihr Album in den Pferdemist fällt.
Aber es geht gerade nochmal gut.
»Hallo Georg, was machst du denn da ?«, fragt sie ihn, als sie Blizzards Box betritt.
Er wird rot bis unter die Haarspitzen und mit zitternder Hand hält er ihr das Album hin.
Den letzten Schliff hat er dem Bild gerade gegeben und rechts steht in seiner schönsten Schrift

›Das Glück der Erde liegt auf dem Rücken der Pferde‹

Zum Andenken an deinen Schulkameraden Georg

Ein wundervolles Lächeln bringt Elfies schönes Gesicht zum Strahlen.
»Oh, mein Gott, das ist ja wunderwunderschön!«
In der einen Hand das Album festhaltend springt sie auf Georg zu und umarmt ihn herzlich.
»Vielen vielen Dank, das ist der allerschönste Eintrag, den ich jemals bekommen habe.«
Er weiß nicht, wie ihm geschieht; sein Herz klopft wie wild und er bekommt keinen Ton heraus.
»Magst du auch Pferde? Freilich magst du Pferde! Sonst hättest du Blizzard nicht so wundervoll zeichnen können.
Hier im Stall brauchen sie immer Hilfe: Pferdestriegeln und Stall ausmisten und ausreiten.
Hast du Lust? Wir können das zusammen machen!«
Und ob er hatte! ...

WEITERFÜHRENDES:

MITBRINGSEL:

Poesiealbum
Oblaten (altmodische Aufkleber für Poesiealben – auch ein schwarzes Pferd (Blizzard aus der Geschichte) sollte nicht fehlen
Ein Buch mit typischen Sprüchen und Versen
(wie bei Sprichwörtern dieselben nur anreißen und von den Bewohnern ergänzen lassen)
Beispiele siehe unten
Evtl. weitere Themen sind:
Erste Liebe (Sandkastenliebe)
…

FRAGEN: Erinnern Sie sich an ihre erste Liebe? Wie war das? Erzählen lassen.

WORTSAMMLUNG zum Thema Pferd:

Hengst, Rappe, Schimmel, Stute, Wallach, Gaul, Ackergaul, Haflinger, Araber, Lippizaner, Hufeisen (eines mitbringen zum Befühlen, Halten und An-schauen), Pferdeäpfel, Stall, Box, Halfter, Pferde-decke, Sattel, Zaumzeug, Schritt, Trab, Galopp, Hafer (den hat der Hafer gestochen), Weide, Koppel, Spring-turnier, Ausritt etc. (wir umschreiben die Worte, geben Hilfestellung)

BEWEGUNG:

z. B. mit den Füßen auf dem Boden und mit den Händen auf der Tischplatte Schritt, Trab und Galopp nachahmen (langsam und mittelschnell und schnell – gehen – stampfen – trampeln – klopfen – hämmern ...

Die einundzwanzigste Geschichte (ein Gedicht)

# Schneewittchen – kurz und schmerzlos

Schneewittchen hinter den sieben Bergen,
Kinder, das müsst ihr euch merken.
Schneewittchen bei den sieben Zwergen
muss sich stets verbergen.

Böse böse Stiefmama,
Spieglein, Spieglein,
bla bla bla …
hat 'nen giftgetränkten Kamm,
einen Gürtel, fest und stramm,

einen Apfel, drall und rot,
bringt den Schlaf nur, nicht den Tod.

Schneewittchen liegt im gläsern' Sarg.
Das ist traurig, das ist arg.
Sieben Zwerge drum herum warten stumm,
schauen blöde, gucken dumm.

Sie schläft den Schlaf des Gerechten,
wartend auf den Prinzen, den echten.
Als er kommt, ist er verzückt,
nach Schneewittchen rein verrückt.

Haare, schwarz wie Ebenholz,
Lippen, rot wie Blut.
Haut, weiß wie der Schnee,
Liebe tut so weh.

Doch er küsst sie unverzagt,
und der Apfel, der sie plagt,
hüpft aus ihrem Hals heraus.
Nun ist dieses Märchen aus.

Ach, ich habe ganz vergessen:
Alle sind darauf versessen.
Drum hört zu, ihr lieben Leute:
Wenn sie nicht gestorben sind,
dann leben sie noch heute.

Und die Zwerge stehen stumm
um den leeren Sarg herum,
schauen blöde, gucken dumm.
Doch Schneewittchen, hoch zu Ross,
liebt den Prinzen samt seinem Schloss.
Ist schon über alle Berge,
hat vergessen ihre Zwerge.

Und durch all den Abschiedsschmerz
wird's den Zwergen bang ums Herz.
Denn sie sind sich jetzt gewiss,
dass der Haushalt, den sie schmiss,

nun an ihnen wieder hängt
Schlafmütz, Seppel und die andern,
traurig in ihr Häuschen wandern.

*Christine Geiger*

WEITERFÜHRENDES:

Märchen sind in den Bewohnern tief verwurzelte Geschichten, Kulturgut. Sie haben sie gelesen und ihren Kindern und Enkeln vorgelesen. Sprüche und Reime, die in Märchen vorkommen, sind abrufbar wie Sprichwörter.
(Spieglein, Spieglein an der Wand, wer ist die Schönste im ganzen Land...?)

»Schneewittchen« Märchenoriginal vorlesen

»Märchensalat« sortieren und berichtigen:

Das tapfere Schneewittchen
= Das tapfere Schneiderlein
Der gestreifte Kater
= Der gestiefelte Kater
Schneeweißchen und Kupferrot
= Schneeweißchen und Rosenrot
Die Hamburger Stadtmusikanten
= Die Bremer Stadtmusikanten
Der Fuchs und die 700 Ziegen
= Der Wolf und die sieben Geißlein
Blaukäppchen/Rotmützchen
= Rotkäppchen
Frau Wolle
= Frau Holle
Hänsel und Kätchen
= Hänsel und Gretel

Sieben auf einem Teich
= Sieben auf einen Streich
Dornhöschen/Dorndöschen
= Dornröschen
Die Hässliche und das Biest
= Die Schöne und das Biest
Der gestiefelte Pater/Vater
= Der gestiefelte Kater
Zeigefingerchen
= Däumelinchen
Der Froschprinz
= Der Froschkönig
Das hübsche Gänslein
= Das hässliche Entlein
Die Königin auf der Erbse
= Die Prinzessin auf der Erbse

Die zweiundzwanzigste und (vorerst) letzte Geschichte

# Das Taubenblaue oder Wie immer halt

Im Prinzip weiß er bereits, wie es ausgehen wird, und sie eigentlich auch.

Sie haben da dieses Theaterabonnement: Jeden Monat eine Vorstellung, ein Bauernschwank, eine Operette, eine Komödie, ein Neujahrskonzert, eine Oper, ein Musical … was auch immer.

Heute stehen ›Hänsel und Gretel‹ auf dem Plan. Ein Märchen zwar, aber in einer Version für Erwachsene, eine Art Musical.

Robert ist so weit. Er ist wie immer schon längst ausgeh- und theaterfertig.

Er trägt sein graues Sakko und die schwarze Anzughose, Bügelfalten und ein schneeweißes Hemd mit sauber geknoteter Krawatte. Robert versteht nichts davon. Er genießt es, wenn Ingrid sie ihm bindet. Dabei bleibt er ganz ruhig und ergeben stehen. Sie muss sich ein wenig auf die Zehenspitzen begeben, um an seinen Kragen zu gelangen.

»Wann lernst du endlich, deinen Krawattenknoten selbst zu binden?«, fragt sie wie immer kopfschüttelnd.

Es ist eine obligatorische Frage, denn schließlich stellt Ingrid ihm genau diese bereits 43 Jahre lang, und die Aussicht darauf, dass Robert jemals selbst seine Krawatte richten wird, scheint absolut abwegig.

Und außerdem will Ingrid das gar nicht.

Sie liebt es, ihren Robert zu betüddeln, und fühlt dabei, dass sie ihm guttut und er sie braucht.

Nun sitzt er mit übereinandergeschlagenen – einen auf seinem Sessel und wippt mit dem rechten Fuß auf und ab.

Belustigt beobachtet er seine Ingrid, wie sie zwischen Spiegel und Kleiderschrank hin- und hergeht:

Ständig eine andere Garderobe tragend, sich im Kreise drehend den Kopf schüttelnd und mit einem tiefen Seufzer wieder im Schlafzimmer verschwindend, um sich erneut umzukleiden.

»Bis spätestens zur ersten Pause sollten wir es vielleicht doch ins Theater schaffen«, meint er schmunzelnd.

»Jetzt mach mich nicht nervös … oh, ich hab einfach nichts anzuziehen!!«

Nachdem sich Ingrid gefühlte 30 Mal umgekleidet hat, meint Robert:

»Wie wäre es mit dem taubenblauen langen Abendkleid mit der schönen Schärpe? Dazu steckst du dir vielleicht die Schmetterlingsbrosche aus unserem Spanienurlaub an?«

»Aber das Blaue habe ich doch beim letzten Mal getragen, als wir in die ›Fledermaus‹ gingen. Das kann ich doch nicht schon wieder anziehen. Nein, ehrlich, Robert, ich habe nichts anzuziehen!«

Nach diesem Ausspruch verschwindet sie wieder im Schlafzimmer und Robert beginnt zu zählen.

Meist schafft er es so ungefähr bis 50, bevor Ingrid erneut im Türrahmen erscheint und dabei das besagte Taubenblaue trägt.

»Es ist eben doch das Schönste!«, meint sie und: »Lass uns endlich aufbrechen! Wir sind spät dran!«

Robert verdreht die Augen und lacht verschmitzt.

»Aber bis zum nächsten Theaterbesuch muss ich mir unbedingt was Neues kaufen!«

»Ja, unbedingt!«, entgegnet Robert. Immer läuft es genauso ab, bevor sie ins Theater gehen, es ist wie ein Ritual. Ingrid hakt sich bei ihm unter, jedoch nicht, ohne vorher noch einmal seinen Krawattenknoten zurechtgerückt zu haben. Wie immer halt.

WEITERFÜHRENDES:

MITBRINGSEL:

Ein Standspiegel, an dem auf Bügeln schöne Abend-
kleider hängen
Krawatten
Sakkos
Anzughosen
Alte Kataloge mit Mode von früher zum Anschauen
Broschen (herumreichen, betrachten und befühlen,
evtl. auch Perlenketten, Modeschmuck etc.)
ein Opernglas (Fernglas)

Wir knoten eine Krawatte, wer kann es?

FRAGEN:

Haben Sie ein Lieblingskleidungsstück?
Gehen Sie gerne ins Theater?

WORTSAMMLUNG zum Thema Theater/Garderobe:

Theaterstück, Schwank, Oper, Operette, Drama, Komödie, Bühne, Souffleuse, Abendgarderobe, Frack,
Sakko, Anzug, Eintrittskarten, Loge, Parkett, 1. Reihe,
Schauspieler, Tenöre, Duett, Orchester, Sänger, Kom-
parsen, Zweitbesetzung, Hauptrolle, Libretto, Dreh-
buch, Maske, Kostüme, Kulissen, Bühnenbild, Mikro-
phon, Beleuchtung, Applaus, Zugabe, Vorhang, Pause.

(Begriffe umschreiben und erraten lassen oder nennen und erläutern lassen)

Sprichwörter/Redewendungen, die zur Geschichte passen:
»Die Bretter, die die Welt bedeuten« (Bühne)
»Wer zu spät kommt, den bestraft das Leben.«
(Weil Ingrid sich so viel Zeit lässt)

»Die Qual der Wahl«
(Entscheidungsschwierigkeiten zur Garderobe)

# Nachwort

Wem soll ich nur alles danken?

Den Menschen, die in meiner Jugend eine nicht unwesentliche Rolle spielten und Grundlage mancher meiner Erzählungen sind?

Den Menschen, denen ich meine Geschichten vorlese oder zum Selberlesen überlasse?

Die mir dann durch ihr Feedback und Schmunzeln zeigen, dass ich sie erreichen konnte?

Da sie sich an Dinge erinnern, die sie selbst so oder ähnlich erlebt haben.

Meiner Dozentin, Stefanie Klaube-Lier, die sagte:

»Mach das, das wird prima!«

Oder Angela Hochwimmer, meiner geduldigen und überaus fähigen Lektorin?

Oder Mareike Mett, der begnadeten Zeichnerin, die meinem Buch mit ihren kreativen Schöpfungen so viel Leben eingehaucht hat?

Natürlich!

Und allen, die mich bestärkt und mir Mut gemacht haben.

Herzlichen Dank!